U0100498

大展好書　好書大展
品嘗好書　冠群可期

大展好書　好書大展
品嘗好書　冠群可期

推手武學

1

太極拳推手奧秘

張耀忠　張林　編著

大展出版社有限公司

作者隨恩師王培生先生（前）登上八達嶺長城

作者與書法、太極、中醫奇
人茹世保切磋技藝

作者與高壯飛（太極終身成就獎
獲得者）練單搭手

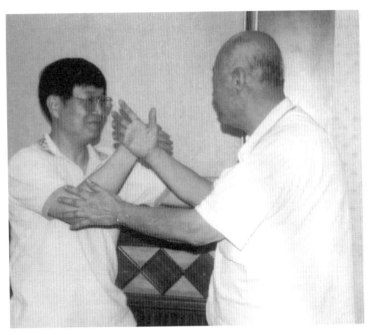

作者與日本東方企業董事長
談衛東先生（左）切磋技藝

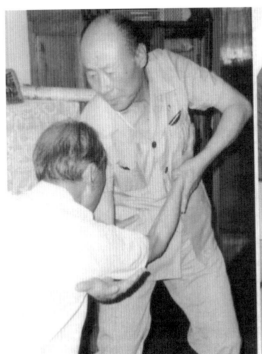

作者與拳友沈勃先生切磋技藝

作者與王乃洵（王培生長子）練推手

捋破掤

按破擠

採破肘

挒破靠

捋破掤

按破擠

採破肘

挒破靠

作者簡介

張耀忠（丹誠），山西陽泉人，1925年生。自幼學習家傳武功與道功。後拜著名武術家王培生先生爲師，專修武當內家拳、械和乾坤戊己功。

著有《太極拳古典經論集注》、《太極玄門劍》、《周天太極拳》、《八卦散手掌》、《精功十三式太極拳》、《吳式太極拳簡化練法》、《太極十三刀》、《吳式太極劍》及《氣功穴位指南》、《中華武醫穴位治病圖解》、《王培生教範八卦散手掌》（合編）等書。

國家武術段位八段。曾任北京軍事體育總校副校長、東方武學館和培生武學館教練、湖北鄂州元極武德館總教練。現爲北京市武術協會委員、武當武術聯合會顧問。

作者簡介

　　張林，1955年生。中國普天信息產業集團公司高級政工師。自幼習練家傳太極拳，現業餘從事太極拳教學並進行太極拳理論研究，編撰太極拳著作。

序　言

太極拳推手和盤架子（套路）是一個整體的兩個方面。盤架子爲拳之體，推手爲拳之用。所以說學會了盤架子還要學會推手，才算是體用兼備。

太極推手，既能增強學者的學習興趣，又能達到健身和防身的目的，其樂無窮。

練習推手，首先要練好太極推手的基本八法，即掤、捋、擠、按、採、挒、肘、靠等八手功夫，也是八種勁別。掤、擠、肘、靠爲進攻手；捋、按、採、挒爲化解手。捋破掤，按破擠，採破肘，挒破靠。循序漸進，逐步提高。

本書內容有四大特點：

一、著重將太極推手八手功夫的各種練習方法、勁源心法及奧妙訣竅介紹給學者，以期引導習者打好堅實的推手基礎功夫。避免盲目，少走彎路。

二、將太極拳推手發勁的三十六招展現給學者，以此拋磚引玉，啓迪創新。

三、將太極八法和人體八卦對應關係展現給學者，引導學者沿著科學化的道路逐級而上，逐步登上光輝的太極頂峰，感受「一覽眾山小」的愉快心情。

太極拳推手奧秘

四、將著名太極推手權威王培生先生未曾公開的太極推手術介紹給學者，使學者開卷有益，無師自通。

京城太極老人，九十高齡的沈勃先生曾約徐才先生與我等到家懇談太極推手話題。期盼各方努力，進一步推動太極推手運動的普及和發展。編寫此書，亦為此盡微薄努力。

本書在編寫過程中，得到了周懷恩、趙維國、張貴華、厲勇、高燕、賈秀芬、高金山、張文和、閻婧、蔡南鈞、王陽等各位在演示、攝影、打字、複印等方面的大力協助，在此一併致謝。疏漏之處，在所難免，誠望同道指正。

編著者

己丑年金秋八月於本家潤園

目　錄

011

013

第一章
太極拳推手基礎功夫

第一節　太極拳基本八法行功圖解

太極拳基本八法單操順序是：掤、擠、肘、靠、捋、按、採、挒。前四手為進攻手，後四手為化解手。即捋破掤、按破擠、採破肘、挒破靠，分述如下：

預備勢

兩腳併齊，全身放鬆，二目平遠視，心情安定。（圖1-1）

一、掤　手

1. 右掌前掤

①右手以食指尖引導，向前上方抬至拇指尖與右鼻孔成水平，意想右鼻孔外張，則右掌產生前掤勁。（圖1-2）

圖1-1

圖1-2　　　　　　　　圖1-3

②右手中指與無名指相貼使手心翻轉朝裏，左手向前抬起，左手拇指指甲與心口窩前後對正；同時，右腳向前邁進一步，左腳隨即向右腳靠攏併齊。意想心口窩向前找左手拇指指甲，則右掌產生前掤勁。（圖1-3）

③右掌心翻轉朝前，隨即以食指尖引導向前舒伸，左手跟進，仍保持原來姿勢；同時，右腳向前邁進一步，右腿屈膝前弓，重心移至右腿，左腿在後伸直成右弓步，目視右食指尖。然後忘掉手，忘掉腳，只想命門穴找環跳穴，感覺右手臂好像從右側腰部長出來似的，手上的前掤勁油然而生。（圖1-4）

④右手向前下降落，以手心（內勞宮）抱住右膝下方之陽陵泉穴。左手扶於右臂彎處，目視前下方。（圖1-5）

⑤意想右陽陵泉穴反貼右勞宮穴，左腿自然向右腿靠攏，左腳與右腳併齊。兩膝相貼，目俯視。（圖1-6）

圖1-4

圖1-5

圖1-6

圖1-7

　　⑥左手心回抱左膝下之陽陵泉穴，然後兩手同時抱膝，欲有將自身抱起來的感覺。（圖1-7）

圖1-8

圖1-9

⑦兩手貼身向後移至兩
胯後側之環跳穴，有欲將自
身托起之意。（圖1-8）

⑧兩腿伸膝立直；同
時，兩手圍繞環跳穴向後、
向上、向前、向下繞側立
圓，兩臂放鬆，目平視前
方。（圖1-9）

2. 左掌前掤

圖1-10

左掌前掤與右掌前掤動
作要領相同，唯姿勢相反。
左右交替練習，次數不限。
（圖1-10～圖1-17）

圖1-11

圖1-12

圖1-13

圖1-14

圖1-15

圖1-16

圖1-17

二、擠　手

1. 左掌打擠

①右手向前伸出,掌心向左,中指與無名指相貼;同

圖1-18

圖1-19

時，左腳向前邁出一步，左膝微屈。意想左章門穴則右手背產生擠勁。（圖1-18）

②左手前伸，以手腕貼於右臂彎之曲池穴，左右兩前臂均向內旋，左手向右前，右手向左前同時斜伸，形似剪刀，雙手剪合則產生擠勁。（圖1-19）

③兩手均以小指甲引導向前舒伸，意想小指甲根之少澤穴都去找同側腳小趾甲根之至陰穴，則兩小指產生追擠勁。（圖1-20）

圖1-20

④兩手仍以小指甲根之少澤穴引導，帶動兩臂向左右

圖1-21	圖1-22

兩側平展，右腳向左腳靠攏併齊，兩手少澤穴與兩腳至陰穴仍保持互通信息。此為人體之兩儀，有信息必有內勁。（圖1-21）

⑤兩臂手、肘、肩逐節放鬆，兩手鬆落於體側，目平視前方。（圖1-22）

2. 右掌打擠

①左手向前伸出，掌心向右，中指與無名指相貼；同時，右腳向前邁出一步，右膝微屈，意想左手背刮右腳面，或者意想左手中渚穴去找右腳地五會穴，則左手背產生擠勁。（圖1-23）

②右手前伸，以手腕貼於左臂彎之曲池穴，即右手腕與左臂彎交叉相合，左右兩前臂均向內旋，左手向右前，右手向左前交叉斜伸。左腳欲向前邁進，則產生整體擠

圖1-23

圖1-24

圖1-25

勁。（圖1-24）

　　③兩手以小指甲根之少澤穴引導向前舒伸，意想少澤穴找至陰穴則小指尖產生追擊式擠勁。（圖1-25）

圖1-26　　　　　　　　　　圖1-27

④兩手仍以少澤穴引導，帶動兩臂向左右兩側平展，左腳向前靠攏併齊，少澤穴與同側至陰穴仍保持信息相通，則手上內勁仍在。（圖1-26）

⑤兩臂之腕、肘、肩依次逐節放鬆，兩手鬆落於體側，目平視前方。（圖1-27）

左右交替練習，次數不限。

三、頂　肘

1. 左肘前頂

①右手以中指引導向前直伸，拇指在上，小指在下，掌心向左；同時，左腳向前邁出一步，重心仍在右腿，右手中指尖與左腳中趾尖上下對正。意想左腳前進，則右手中指尖產生戳點勁。（圖1-28）

圖1-28

圖1-29

②左手向前直伸，掌心朝右，右手微回抽，使指尖貼於左臂彎處。（圖1-29）

③左臂屈肘回收，使左手勞宮穴與左肩井穴相合；同時，左腿前弓，重心移至左腿，右腿在後伸直成左弓步，目視左肘尖。意在左膝尖與左肘尖上下對正，則左肘尖產生頂擊勁。（圖1-30）

④左手向前直伸，掌心向右。（圖1-31）

圖1-30

⑤左手下落，使手心抱住左膝外下之陽陵泉穴，右手扶於左臂彎處，目俯視。（圖1-32）

圖1-31

圖1-32

圖1-33

圖1-34

⑥意想左陽陵泉穴與左勞宮穴相貼。右腳向左腳靠攏併齊，兩膝相貼。（圖1-33）

⑦右手回抱右陽陵泉穴，兩手相向合抱，欲有將自身

圖1-35　　　　　　　　圖1-36

抱起來的感覺。（圖1-34）

　　⑧兩手沿大腿外側向後移至兩胯後之環跳穴，欲有將自身托起的感覺。（圖1-35）

　　⑨兩掌心圍繞環跳穴向後、向上、向前、向下各繞一側立圓；同時，兩腿伸膝立直，目平視前方。（圖1-36）

2. 右肘前頂

圖1-37

右肘前頂與左肘前頂動作要領相同，唯姿勢相反。左右交替練習，次數不限。（圖1-37～圖1-45）

圖1-38

圖1-39

圖1-40

圖1-41

圖1-42

圖1-43

圖1-44

圖1-45

圖1-46

圖1-47

四、肩　靠

1. 左肩打靠

　　①右手向前上抬起，掌心向下，高與肩平；同時，右腳向前邁出一步，落於右掌下方。意想右手指甲托天，凸掌心催手指尖，則手指甲產生向上的粘黏勁。目平視前方。（圖1-46）

　　②右手腕、肘、肩逐節放鬆，使右臂鬆垂於體側；同時，右腿前弓，重心前移至右腿，左腿在後伸直成弓步。（圖1-47）

　　③右手張開虎口向右後上回扒，左手回圈追隨右手，兩手虎口遙遙相對；同時，左腳向外橫開半步，使左肩頭前移至右膝上方，上體向右扭轉，目視右手虎口。意想右

圖1-48

圖1-49

圖1-50

膝前提則左肩產生靠勁。（圖1-48）

④兩手向右側舒伸。（圖1-49）

⑤兩手由右向左繞弧平移至左後方。（圖1-50）

圖1-51

圖1-52

⑥兩手由左向右走外弧線繞至右後方，如此左右繞弧兩三次。繞弧時意想兩手指無限延長，攪動太平洋，則手指縫間得氣感很強，有明顯的麻脹感，此即氣血歸梢，具有改善末梢血液循環之功效。（圖1-51）

⑦兩手向左移至身前，掌心置於兩大腿上方，掌心與大腿肌肉相對不相接，目視前下方。（圖1-52）

圖1-53

⑧兩腿伸膝立直，兩臂鬆垂於身體兩側，目平視前方。（圖1-53）

圖1-54

圖1-55

圖1-56

圖1-57

2. 右肩打靠

右肩打靠與左肩打靠動作要領相同,唯姿勢相反。左右交替練習,次數不限。(圖1-54～圖1-61)

圖1-58

圖1-59

圖1-60

圖1-61

五、捋　手

1. 右上捋

①右手抬起，以右食指腹捂住左眉梢。（圖1-62）

圖1-62　　　　　　　　　圖1-63

②右手離開左眉，目視右食指，保持正確的視線距離，仔細盯住右食指，此時在你不知不覺中，右手已經產生了足以把人整體發出去的勁力。（圖1-63）

③右手心翻轉向外並向右後上方回捋，左手抬起追隨右手向右後上捋，掌心向外，左手中指尖與右手拇指尖持平，兩手間距一掌寬；同時，左腿向後撤退一步虛著地面，重心仍在右腿，目視右食指尖。（圖1-64）

圖1-64

圖1-65

圖1-66

④兩手向右下舒伸，目右視。（圖1-65）

⑤兩手由右擺向左後方，目左視。（圖1-66）

⑥兩手由左擺向右後方，目右視。（圖1-67）

⑦兩手擺回至身前停於大腿上方，目視前下方。（圖1-68）

⑧兩腿伸膝立直，兩臂鬆垂於體側，目平視前方。（圖1-69）

圖1-67

圖1-68

圖1-69

圖1-70

圖1-71

2. 左上挒

左上挒與右上挒動作要領相同，唯姿勢相反。（圖1-70～圖1-77）

圖1-72

圖1-73

圖1-74

圖1-75

圖1-76

圖1-77

圖1-78

六、按　手

1. 右下按

①兩手擺向左後方，目視右前下方。（圖1-78）

圖1-79　　　　　　　　　圖1-80

②雙手向右前下方按，掌心均向下，左手高與胸平，右手高與腹平；同時，左腳向左後撤一步，右腿屈膝前弓，重心落於右腿成右弓步，右腳在兩手的中間，上體微向前傾，目視右食指尖下方。（圖1-79）

③左腳向右腳靠攏併齊，兩腿屈膝，兩膝相貼，鬆肩墜肘，合掌當胸，目平視前方。（圖1-80）

④兩手向前平伸，掌心向下，兩腿伸膝立直。（圖1-81）

⑤兩臂向兩側平展，意想中指尖無限長，使心包經對拔拉長，這樣心胸就會感覺舒暢。（圖1-82）

⑥兩臂之腕、肘、肩放鬆，兩手鬆落於體側，目向前平視。（圖1-83）

圖1-81

圖1-82

圖1-83

圖1-84

2. 左下按

左下按與右下按動作要領相同，唯姿勢相反。（圖1-84～圖1-89）

圖1-85

圖1-86

圖1-87

圖1-88

圖1-89

圖1-90

七、採　手

1. 左採手

①右手向前伸直，掌心向左，左腿向後撤步，腳尖虛點地面，右膝微屈，目視前方。（圖1-90）

②左腳跟裏收，兩腳成90°，左膝尖與左腳尖成垂直一線，右膝內側與右腳內踝骨上下對正，重心移至左右三七開的半馬步之間；同時，右臂屈肘回收成立肘，右手為立掌，中指尖向天，拇指尖向裏與鼻尖前後對正，左手置於右肘外下方，虎口大張，使合谷穴與右曲池穴相貼，並含有向上推送之意。目右視。（圖1-91）

③意想玄觀竅（位置在兩眼、兩眉當中）找左肩井，上體半面向左轉，目向左視。（圖1-92）

圖1-91

圖1-92

④上體半面向右轉，重心移至右腿，右腿屈膝前弓，左腿在後伸直成右弓步，目平視。（圖1-93）

⑤兩臂鬆開，兩手拇指、中指、食指尖相接，隨將食指尖收到鼻子尖底下，低頭看食指尖；同時，左腳向右腳靠攏併齊，兩腿屈膝，兩膝相貼，收氣歸丹田。（圖1-94）

圖1-93

⑥兩手無名指緩緩向下畫拉，兩腿自然伸膝立直，兩手分落於體側，二目向前平視。（圖1-95）

圖1-94

圖1-95

圖1-96

圖1-97

2. 右採手

右採手與左採手動作要領相同，唯姿勢相反。（圖1-96～圖1-101）

圖1-98

圖1-99

圖1-100

圖1-101

| 圖1-102 | 圖1-103 |

八、騰挪挒

1. 右騰挪挒

①左臂向左後上方揚起敞開左極泉穴，右手向左腋下橫扇，目右視。（圖1-102）

②右手張虎口，向右後方橫扒，左手追隨右手向右後方推送，兩手虎口遙遙相對；同時，右腿抬起，右腳向左橫擺，目視右下方。（圖1-103）

③右腳下落與左腳併步，兩膝微屈，鬆肩墜肘，兩手拇指、食指、中指尖相接於鼻下，低頭看食指尖。（圖1-104）

④兩手分落於體側，兩腿伸膝立直，二目平視前方。（圖1-105）

圖1-104

圖1-105

圖1-106

圖1-107

2. 左騰挪挒

左騰挪挒與右騰挪挒動作要領相同，唯姿勢相反。
（圖1-106～圖1-109）

圖1-108　　　　　　　圖1-109

太極八法單操法體用皆備，在每一手攻防技法做完後，都有收勢。收勢則側重健體功用。

第二節　太極拳八法循環習操法

049

預備勢

面南站立，兩腳併齊，意想陰陵泉穴相貼，尾骶骨回勾鼻尖，二目向前平視。（圖1-110）

一、掤　手

尾骶骨與右腳後跟上下對正，鼻尖與右腳大趾上下對正，鬆左肩墜左肘，左手以食指引導向前上方抬起，使拇指尖與鼻尖前後對正，左手中指與無名指相貼，則掌心自

圖1-110

圖1-111

然翻轉向裏，拇指尖之內側仍然對鼻尖，右手隨之向前上抬起至胸前，掌心向前，拇指尖與左臂彎相平，接近左臂彎處。意想右肩井穴從背後去找左環跳穴，隨將左腳催出，腳跟著地，腳尖翹起，目平視前方。（圖1-111）

二、右掌打擠

左前臂橫於胸前，拇指朝天，小指朝地，中指與無名指相貼，左前臂內旋；右掌向前推移至掌根貼於左手腕處；同時，左腳掌落平，左腿屈膝前弓，重心移至左腿成左弓步，頭頂與左腳上下對正，鼻子尖、左膝尖與左腳大趾成垂直一線，名為三尖相照，目向前平視。（圖1-112）

三、左掌沉採

①上體微右轉，左掌心沿右前臂向下滑至掌心與右肘

圖1-112

圖1-113

尖相觸時掌心翻轉向下，左手虎口貼於右肘外側，目視右前方。（圖1-113）

　　②右腳跟向內收，身體半面向右轉，兩腿屈膝成半馬步；同時，右前臂豎直，右掌成立掌，右手拇指尖與鼻尖前後對正，目視前方。（圖1-114）

　　③上體向左扭轉90°，右腳略向左移；同時，雙手向左沉採，目視左前下方。（圖1-115）

圖1-114

圖1-115　　　　　　　　圖1-116

四、弓步頂肘

眼神先走，身體向右轉，右腿屈膝前弓，重心移至右腿，左腿在後伸直成右弓步；同時，右臂屈肘，肘尖與右膝尖上下對正，左掌心向裏，指尖向前，抵於右臂彎處。左肘內側與胸部相貼，意想後肘追前肘。（圖1-116）

五、左肩打靠

①右臂向前伸直，掌心向下，凸掌心使手指尖微上翹，意想右手指甲貼天。（圖1-117）

②手、肘、肩關節依次放鬆，使右臂鬆垂於體側。（圖1-118）

③右手張大虎口向右後方回扒，左手張虎口向右後回圈追右虎口，左右兩虎口遙遙相對，目視右後方，意在頭頂。（圖1-119）

圖1-117

圖1-118

圖1-119

圖1-120

六、右掌上捯

①身體立直，兩臂鬆垂於體側。（圖1-120）

圖1-121

圖1-122

②身向後坐成左坐步，重心移至左腿，左膝微屈，右腿在前伸直，右腳跟著地，腳尖翹起；同時，右臂屈肘回收，左手中指扶於右手腕處。目視正西方。（圖1-121）

③右腳落平，右腿屈膝前弓，重心移至右腿，左腿在後伸直成右弓步；同時，右手向前舒伸，左手伴隨右手前移，右手背與右腳面上下相對，意在右腳面。（圖1-122）

七、兩掌回捋

①右食指摸左眉梢。（圖1-123）

②上體略向後移，眼看右食指。（圖1-124）

③右手翻手心向外，隨向右後方平移，左手中指尖與右手拇指尖成水平；以手帶身，上體邊向右扭轉邊向後移，重心移至左腿，左膝微屈，右腿在前舒伸，右腳跟著

圖1-123

圖1-124

圖1-125

地，腳尖翹起，目視右食指尖，右眉梢含有追隨右食指之意。（圖1-125）

圖1-126　　　　　　　　圖1-127

八、右掌下按

右腳尖內扣，使腳尖朝向正南方，尾骶骨與右腳跟上下對正，重心移至右腿，右膝微屈，左腿變虛，左腳在原地不動。身隨步轉，上體向左扭轉成面向正南方，兩掌隨向左按，掌心均向下，左掌高與肚臍平，右掌高與乳平，目視左前下方。（圖1-126）

收　勢

①左腳向右腳靠攏併齊，兩膝微屈；同時，鬆肩墜肘，兩手拇指、食指、中指尖相接，將食指尖收到鼻子尖底下，低頭看食指尖。（圖1-127）

② 兩手以無名指輕輕向下畫拉，兩腿伸膝立直，兩手分落於體側，目平視前方。（圖1-128）

圖1-128   圖1-129

第三節　四正推手練習法

一、四正推手單人練習法

預備勢

併步直立，全身放鬆，心情安定，二目平遠視。（圖1-129）

1. 右掌前掤

①鬆右肩墜右肘，右手向前上方掤出，掌心向前，拇指尖與右鼻孔前後對正。意在張右鼻孔。（圖1-130）

②右手中指與無名指相貼，使手心翻轉向裏；同時，

圖1-130　　　　　　　　　　　圖1-131

抬起左掌置於胸前，手心向前。左右兩掌心前後遙相呼應。目視正前方。意想心口窩找左手拇指指甲。（圖1-131）

　　③右腳向前邁出一步，右腿屈膝前弓，重心移至右腿，左腿在後伸直成右弓步；同時，右手以食指尖引導，使右手心翻轉向前，拇指尖與右鼻孔前後對正，左手保持原位不動。拇指尖橫在右臂彎內側，含有追右手之意，鼻子尖對正右腳大趾，目順右手食指尖上方看，右手食指尖追眼神，右腳追右手，左手也追右手（意念追）。（圖1-132）

2. 左掌打擠

　　右手中指與無名指相貼，手心翻轉向裏，以食指尖引導伸向左前上方，掌心與左肩前後相對；同時，左手右

圖1-132

圖1-133

伸，手腕與右臂之曲池穴相
貼成交叉狀，鼻尖對正右腳
大趾，目平視前方。（圖
1-133）

3. 左上捋

①右臂鬆垂，先以右手
小指尖指右腳大趾甲（此時
肚臍自然內收）；後以拇指
尖指右腳小趾甲（此時肚臍
自然鬆開，此為內氣鼓
蕩）。然後左手移至右腳前
方，目視右前下方。（圖1-134）

②意想右手之合谷穴，張虎口，手心翻轉向上，目視

圖1-134

圖1-135

圖1-136

左前上方。（圖1-135）

　　③左手以食指從右眉梢向左眉梢上橫畫，邊畫邊使手心翻轉向外，至左食指與左眉梢相遇時，左眉梢追隨左食指，右手追隨左手向左後上方将去，兩手相隔15公分。以手帶身，上體半面向左轉，同時向後撤身，重心移至左腿，右腿伸直，右腳尖翹起。目視左後上方，意想肚臍眼向左。（圖1-136）

4. 轉身入海右下按

　　眼神先走，視線從左後上方轉視右前下方，手追眼神，兩手隨向右前下方畫弧，右手高與肚臍平，左手高與乳平，兩手心均向下。以手帶身，上體半面向右轉，略向前俯，步型與重心不變。右手含追眼神之意，左手含追右手之意，含而不露，有意無形，過與不及都不好。（圖1-137）

圖1-137　　　　　　　　圖1-138

5. 轉腰圈掤

①目轉視右後上方，右手向右後上提起至拇指尖與右鼻孔成水平，右手腕之陽池穴向上，右手腕之大陵穴向下，同時帶動上體略右轉，左手置於胸前。（圖1-138）

②眼神先走，目轉視正前方，手追眼神，右手以食指尖引導向前掤出，以手帶身，上體隨之前移，右腳落平，右腿屈膝前弓，重心移至右腿，左腿在後伸直成右弓步；右手拇指尖與右鼻孔前後對正，左手拇指尖與右臂彎平，鼻尖對正右腳大趾。目視右食指尖上方。（圖1-139）

6. 左掌打擠

右手中指與無名指相貼，使手心翻轉向裏，以食指尖引導伸向左前上方；同時，左手右伸，手腕與右臂之曲池

圖1-139

圖1-140

穴相貼成交叉狀，目視正前方。意在進右腳。（圖1-140）

7. 左後上捋

①右臂鬆垂，右手指尖向下，從左腳趾上方向外橫向畫至右前方，大指尖向下，小指尖斜向上，目視右前下方。（圖1-141）

②意想右手合谷穴則右手虎口張開，右手心翻轉向上，左手中指尖扶於右臂彎處。目視左前上方。（圖1-142）

③左手食指由右眉梢往左眉梢橫向畫過，邊畫邊翻手心向外，至食指甲與左眉梢相遇時，左眉梢追隨左指甲；同時，右手追隨左手向左後上捋，兩手間距約15公分，後手略低。以手帶身，上體向後退身，半面向左轉，重心移至左腿，右腿伸直，右腳尖翹起，目視左後上方。（圖1-143）

圖1-141

圖1-142

圖1-143

圖1-144

8. 左掌前掤

①上體右轉向正前方，兩手落平，約與乳頭平，目視前下方。（圖1-144）

圖1-145

圖1-146

②右腳落平，重心移至右腿，左腳向前邁進一步，隨左腿屈膝前弓，重心移至左腿，右腿在後伸直成左弓步；同時，左手提起至拇指尖與左鼻孔成水平時向前掤出，右手隨左手前伸至拇指尖與左臂彎平為度，鼻尖對正左腳大趾。目視左食指尖上方。（圖1-145）

9. 右掌打擠

左手中指與無名指相貼，手心翻轉向裏，以食指尖引導伸向前上方，右手左伸，右手腕與左臂彎相交叉，目視正前方。（圖1-146）

10. 右上捋

①左臂鬆垂，左手指尖由左腳趾上方向外橫畫至左前下方，大指尖向下，小指尖向上，目視左前下方。（圖

圖1-147

圖1-148

1-147）

　　②意想左手之合谷穴則左手虎口張開，手心翻轉向上，右手中指尖扶於左臂彎處，目視右前上方。（圖1-148）

　　③右手食指從左眉梢向右眉梢橫向畫過，邊畫邊翻手心向外，至右手食指與右眉梢相遇時，右眉梢追隨右食指，左手隨右手向右後上捋，略低於右手，兩手間距15公分，以手帶身向後撤退，邊退邊向右

圖1-149

扭轉，重心移至右腿，左腿伸直，左腳尖翹起，目視右後上方。（圖1-149）

圖1-150

圖1-151

11. 轉身入海左下按

眼神先走，目轉視左前下方；同時，上體向左轉，兩手下落，掌心向下。（圖1-150）

12. 轉腰圈掤

①左手向左後上方提起至拇指尖與左鼻孔成水平，掌心向下，指尖向前，左手腕上之陽池穴向上，左手腕之大陵穴向下，右手橫於胸前，掌心向下，上體以腰為軸半面向左轉，目視左後上方。（圖1-151）

②目轉視正前方，手追眼神，左手以食指尖引導向前掤出，右手隨左手前伸至拇指尖與左臂彎橫平為度；同時，左腳落平，左腿屈膝前弓，右腿在後伸直成左弓步。鼻尖與左腳大趾上下對正。（圖1-152）

接下來繼續做擠、捋、按勢，如此左右交替循環練

圖1-152

圖1-153

習，運動量自行掌握，以不疲勞為度，掤、擠、捋、按之單人練習是二人合練的基礎功夫。也是四正推手的第一步功夫，須認真操練。

067

收 勢

①右腳向左腳靠攏併齊，鬆胯，兩腿屈膝，兩手以拇指、食指和中指尖相接，屈肘回收至胸前，低頭看食指尖。（圖1-153）

圖1-154

②兩手分落於體側，兩腿伸膝立直，慢慢抬起頭，目平視前方。（圖1-154）

圖1-155　　　　　　　　圖1-156

二、四正推手雙人合練法

預備勢

甲乙雙方面對面站立（白上衣者為甲方，黑上衣者為乙方），然後，雙方搭手（以手腕、手肘相黏）。（圖1-155、圖1-156）

1. 甲掤乙捋

甲方意想命門穴找右環跳穴，發右掤手，掤擊乙方；乙方以右食指從左眉梢畫到右眉梢，從而化解甲方之掤手。（圖1-157）

圖1-157

圖1-158

2. 甲擠乙按

　　甲方意想夾脊穴與右腳湧泉穴相合，順勢進身變擠手以擠乙方；乙方退身目視左前下方，用按手化解甲方之擠手。（圖1-158）

3. 乙掤甲捋

　　乙方張左鼻孔發左掤手掤擊甲方；甲方意想肚臍眼向左，用左上捋法化開乙方之掤手。（圖1-159）

圖1-159

圖1-160 　　　　　　　　圖1-161

4. 乙擠甲按

乙方臂腕交叉前伸擠擊甲方；甲方目俯視，並以手追眼神以按化手化解乙方之擠手。（圖1-160）

如此，雙方手臂粘連黏隨，循環往復，交替進攻與化解，藉以提高技擊應用技巧。

收　勢

雙方鬆手，恢復原位。（圖1-161）

圖1-162　　　　　　　　　　　圖1-163

第四節　大捋練習法

一、大捋單人練習法

預備勢

兩腳併攏，全身放鬆，兩掌垂於體側，目視前方。
（圖1-162）

1. 上右步掤

右腳向前上一步，右腿屈膝前弓，左腿蹬直成右弓步；
同時，右掌向前上方掤出，掌心向前，高與肩平，左掌前擺
置於右肘彎處，掌心向下。目視前方。（圖1-163）

圖1-164　　　　　　　　圖1-165

2. 拗步擠

左腳向前上一步成左弓步；同時，右掌向左下方斜伸，掌心向後，置於左腹前，左手腕貼於右曲池穴上，掌心向前，目視前方。（圖1-164）

3. 進右步頂肘

右腳向前上一步成右弓步；同時，右臂屈肘向右前方頂出，左掌指尖置於右肘內側，掌心向內，目視前方。（圖1-165）

4. 轉身打靠

左腳向左橫開半步，同時上體右轉，右手向右後扒，左手向右後推，兩手虎口遙遙相對，目視右手虎口。（圖

圖1-166

圖1-167

1-166）

5. 轉身撤步将

①右腳蹬地，順勢後撤一步，與左腳靠近，身體立正；同時，左手上擺，置於前方，左食指尖與右眉同高，右手自然垂於體側，目視前方。（圖1-167）

②右腳向右後撤一步成左弓步；同時，上體左轉，左手帶起右手向左上方将，兩掌心向外，高與眉齊，目視左掌前方。（圖1-168）

圖1-168

圖1-169 圖1-170

6. 撤步按

①左腳後撤一步與右腳併攏；同時，兩手向左後平擺，左臂伸直，掌心向下，右臂屈肘置於胸前，目視右前下方。（圖1-169）

②左腳向左後方撤一步成右弓步；同時，上體前俯右轉，兩掌向右前下方繞弧下按，兩掌心均向下，目視前下方。（圖1-170）

7. 採

①左腳向右後撤一步，腳尖點地；同時，上體直起，兩手向前後分展，兩臂伸直。目視前方。（圖1-171）

②左腳跟內收著地，身向後坐，重心下沉成半馬步；同時，右臂屈肘，右掌回收成立掌置於面前，拇指尖與鼻

圖1-171

圖1-172

尖對正。左掌前擺置於右肘下方，掌心向右（左手合谷穴貼於右曲池穴），目視前方。（圖1-172）

8. 騰挪挒

①上體略向左轉；同時，左掌經前向左上方揚起，掌心內旋置於左耳側；右掌向左下擺置於左腹下，掌心向下，目視右前方。（圖1-173）

圖1-173

②右腿屈膝向左前方抬起；同時，上體右轉，左手向右橫移，掌心向下，右手向右後方扒，掌心向右後方，兩

圖1-174　　　　　　　圖1-175

手遙遙相對，目視右後方。（圖1-174）

9. 採

右腳向右後方落步，腳尖點地；同時，兩手向前後分展、伸直。隨後，右腳跟內收踏實，左腿屈膝，身體後坐成半馬步；同時，左臂屈肘，左掌成立掌收於面前，右手繞弧置於左肘下（右合谷穴貼於左曲池穴），目視前方。（圖1-175）

10. 挒

①上體略右轉；同時，右手向右後上方揚起，置於耳後，掌心向上，左掌向右腋下推按，掌心向下，目視左前方。（圖1-176）

②右手按向左腳，左腿自然屈膝提起；同時，左手向

圖1-176

圖1-177

左後扒，右手向左推送，目
視左後方。（圖1-177）

11. 右掌前掤

　左腳向左前方落步，左
腿屈膝前弓，右腿蹬直成左
弓步；同時，左手向左前方
掤出，右手亦前推，兩掌心
均向前，目視前方。（圖
1-178）

12. 拗步擠

圖1-178

　右腳向前上一步，右腿屈膝成右弓步；同時，左手向
右前下方斜伸，掌心向後，右手腕貼於左曲池穴，目平視

圖1–179

圖1–180

前方。（圖1–179）

13. 進步頂肘

左腳向前上一步，左腿屈膝成左弓步；同時，左臂屈肘回收，左肘前頂，右手指尖頂於左臂彎處，目平視前方。（圖1–180）

14. 轉身打靠

右腳向右橫開半步；同時，上體前俯左轉，左手前伸並向左後扒，右手向左後推按。目視左後方。（圖1–181）

15. 轉身撤步捋

①左腳蹬地向後撤一步與右腳併攏；同時，上體右轉

圖1-181

圖1-182

直立，右手上揚，置於左眉前，掌心向後，左手下垂，置於體側，目視前方。（圖1-182）

②左腳向左後方撤一步成右弓步；同時，上體右轉，右手向右上捋，掌心翻轉向外，左手同時向右上方捋，掌心向外，目視右後方。（圖1-183）

圖1-183

16. 撤步按

①右腳蹬地後撤一步與左腳併攏；同時，兩手向右後方平擺，右臂伸直，掌心向下，左臂屈肘，左掌置於右腋

圖1-184　　　　　　　圖1-185

下，掌心向下。（圖1-184）

②右腳向右後方撤一步成左弓步；同時，上體左轉前俯，兩手繞弧向左下按，掌心向下，目視左前下方。（圖1-185）

17. 採

①右腳向後移步，腳尖點地成左弓步；同時，兩手向前後分展，兩臂伸直，左手心向右，右手心向左，目視前方。（圖1-186）

②右腳跟內收踏實，右腿屈膝，身體後坐成半馬步；同時，左臂屈肘，左掌回收成立掌置於面前，左手拇指尖與鼻尖對正，目視前方。（圖1-187）

圖1-186

圖1-187

18. 騰挪挒

①上體右轉；同時，右手向右上方揚起，置於右耳側，掌心向上，左手向右置於右腋下，掌心向下，目視左前方。（圖1-188）

②左腳向右前上方抬起；同時，上體左轉，右手向左後方推按，掌心向下，左手向左後方扒，掌心向後，目視右前方。（圖1-189）

圖1-188

圖1-189

圖1-190

19. 掤

左腳向左前方落步成左
弓步；同時，左手向左前方
掤出，掌心向前，右手也向
前推送，掌心向前，拇指與
左臂彎橫平，目視左食指前
方。（圖1-190）

收　勢

①左腳蹬地向後撤一步
與右腳併攏；同時，兩手回
收，兩手拇指、食指、中指尖相接，兩掌置於胸前，目視
食指尖。（圖1-191）

圖1-191

圖1-192　　　　　　　　圖1-193

②兩手分落於體側，身體立直，目平視前方。（圖1-192）

太極八法連續動作可打四面八方。方向變換是由挒變採時虛懸腿所擺的度數來調控的。由左勢變右勢，或由右勢變左勢時，連續做兩次採和挒就變換了。左右勢交替練習，循環不已，如長江大河，滔滔不絕。所謂「掤挒擠按須認真」，就是指要認真練，反覆練，經常練，習慣成自然，從而為雙人合練打好基礎。

二、大捋雙人合練法

預備勢

甲乙雙方手腕、手肘相接（著黑衣者為甲方；著白衣者為乙方）。（圖1-193）

圖1-194　　　　　　　　圖1-195

1. 甲掤乙捋

甲方進左步發右掤手進攻乙方；乙方撤右步以左上捋法化解甲方之掤手。（圖1-194）

2. 甲擠乙按

甲方進右步以擠手進攻乙方；乙方撤左步以按手化解甲方之擠手。（圖1-195）

3. 甲肘乙採

甲方進左步以左肘尖頂擊乙方胸部；乙方撤左步以採法化解甲方肘勁。（圖1-196）

圖1-196

圖1-197

4. 乙靠甲挒

甲方左腳橫開半步，進右肩靠擊乙方；乙方提起右腿以騰挪挒法化解甲方靠勁。（圖1-197）

5. 乙掤甲将

乙方進右步發右掤手進攻甲方；甲方撤左步向右上将化解乙方掤手。（圖1-198）

圖1-198

圖1-199

圖1-200

6. 乙擠甲按

乙方進左步以擠法進攻甲方；甲方撤右步向下按壓化解乙方擠手。（圖1-199）

7. 甲肘乙採

乙方進右步以右肘尖頂擊甲方胸膛；甲方撤右步側身以採法化解乙方之肘勁。（圖1-200）

圖1-201

8. 甲靠乙捌

乙方右腳橫開半步，進左肩靠擊甲方；甲方提起左腿

圖1-202　　　　　　　　　圖1-203

以騰挪捯化解乙方靠勁。（圖1-201）

　　接下來甲方再發掤手進攻，乙方以捋化解。雙方如此循環往復練習。著重注意前進、後退步法的變換。四正推手著重注意手法變化，大捋側重練習步法變換。

第五節　太極拳基本八法發手方法

一、發掤手

　　甲乙二人右腕相搭，左手扶於對方右肘外側，右腳在前為右虛步（著黑衣者為甲方）。（圖1-202）

　　甲方右腿屈膝前弓，左腿伸直；同時，後手追前手向乙方方向發勁。（圖1-203）

　　發掤手的口訣是：「眼神先走，手追眼神腳追手，後

圖1-204　　　　　　　　　圖1-205

手追前手。」

　　所謂「眼神先走」，是要用眼神視線盯住對方的左眉梢。

　　「手追眼神」是以右手食指尖外側指向對方的左眉梢。「腳追手」是指前腳（右腳）要擺在前手（右手）正下方，腳趾尖與手指尖方向一致，並含有腳追手之意。

　　「後手追前手」是後手要與前手朝同一方向發勁。

二、捋手用法

　　甲乙雙方右腕相搭，左手扶於對方右肘外側，右腳在前為右虛步（著黑衣者為甲方）。（圖1-204）

　　當乙方發掤手掤擊甲方時，甲方隨以右食指從左向右畫自己的眉毛，左手跟隨右手向右後上方移動，則必將乙方捋出。（圖1-205）

圖1-206　　　　　　　　圖1-207

三、發擠手

甲乙二人右腕相搭，左手扶於對方右肘外側，右腳在前為右虛步（著黑衣者為甲方）。（圖1-206）

甲方左手離開乙方右肘，隨向右前方斜伸，與右臂相交叉，左右兩臂內旋，並以小指尖引導向前舒伸；同時，右腳落平，右腿屈膝前弓，左腿伸直。意在兩小指甲根之少澤穴和兩足小趾甲根之至陰穴，同側穴位感應，則必將乙方擠出。（圖1-207）

四、按　手

甲乙雙方右腕相搭，左手扶於對方右肘外側，右腳在前為右虛步（著黑衣者為甲方）。（圖1-208）

當乙方進擠手攻擊甲方時，甲方隨以「轉身入海，憑欄

圖1-208

圖1-209

下望」之勢（向右後下看）則可將乙方按出。（圖1-209）

【要點】眼看右後下方，右手追眼神，左手追右手，兩手扶著對方身體則有效。

五、採手用法

甲乙雙方右腕相搭，左手扶於對方右肘外側，右腳在前為右虛步（著黑衣者為甲方）。（圖1-210）

當乙方進右肘頂擊甲方時，甲方捋住乙方腕臂向右後下沉採，則必將乙方採出。（圖1-211）

【要點】向右捋採時玄關找右肩井穴，則採勁自來。

六、捯手用法

甲乙雙方右腕相搭，左手扶於對方右肘外側，右腳在前為右虛步（著黑衣者為甲方）。（圖1-212）

圖1-210

圖1-211

圖1-212

圖1-213

　　當乙方發勁時，甲方向乙方頸部右側舒伸，左手追右
手；同時，右腿屈膝前弓，則必將乙方捯出。（圖1-213）

　　【要點】意在右腳面，則右手捯勁自來。

圖1-214

圖1-215

七、發肘勁

甲乙雙方右腕相搭，左手扶於對方右肘外側，右腳在前為右虛步（著黑衣者為甲方）。（圖1-214）

甲方左手離開乙方右肘，隨向乙方胸部直伸，同時，進右步插襠（右腳邁進乙方兩腿當中），緊接著右手屈肘回收並以肘尖頂擊乙方胸部，左手抽回以指尖插入右臂裏側，左肘追右肘，右腿屈膝前弓，則必將乙方頂出。（圖1-215）

八、左肩打靠

甲乙雙方右腕相搭，左手扶於對方右肘外側，右腳在前為右虛步（著黑衣者為甲方）。（圖1-216）

圖1-216　　　　　　　圖1-217

甲方翻右手心向外拿住乙方右腕，左手抓住乙方肘上
方，左右兩手合力往右後方将採乙方右臂；同時，上左
步，左腿屈膝前弓成弓步，進左肩貼靠乙方，並用雙手推
送乙方右臂，則必將乙方打起發出。（圖1-217）

第六節　太極拳基本八法單手習操 與發手

預備勢

兩腳平行併立，二目平視前方，全身放鬆，心情安
定。（圖1-218）

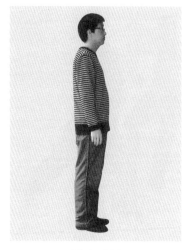

圖1-218   圖1-219

一、單手掤法

1. 右單手掤

①鬆右肩，墜右肘，右手以食指尖引導向前上方抬起，至拇指尖與右鼻孔成水平為度，掌心向前，指尖向上。目視食指尖前方。（圖1-219）

②右腳向前上一步，左腳隨即跟步。（圖1-220、圖1-221）

意想右鼻孔向外擴張，則右掌產生前掤勁。但此時自己無絲毫感覺，因為你並未用力。當你掌心觸及到對方身體時，對方頓感掤勁很大且勢不可擋。此即「靜中觸動動猶靜」是也。此種神功被稱為「用鼻孔打人」。

③**收勢**：右手腕、肘、肩逐節放鬆，右手垂於體側。

圖1-220

圖1-221

圖1-222

（圖1-222）

【實戰舉例】

甲乙雙方右手相搭（右側為甲方），甲方右腳向前邁

圖1–223　　　　　　　　圖1–224

進，同時張開右鼻孔，右手向乙方面前直伸，將乙方掤
出。（圖1–223、圖1–224）

2. 左單手掤

左單手掤與右單手掤動作要領相同，唯姿勢相反。
（圖1–225～圖1–228）

左右式交替練習，次數不限。

圖1-225

圖1-226

圖1-227

圖1-228

圖1-229

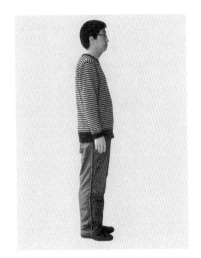

圖1-230

二、單手擠法

1. 右單手擠

右腳向前邁進一步，右腿舒伸，右腳掌踏平；同時，右手向右腳上方伸出，手背向前，指尖向左，高與肩平，目視右手前方。（圖1-229）

意想右手背刮動右腳背，右腳背有舒服感，則右手背產生擠勁。其精微奧妙，在於先想右手背之中渚穴（手小指、無名指之間，掌關節後一寸陷中），後想右腳面之地五會穴（第四、五蹠骨之間，小趾伸肌腱內緣）則右手背產生擠勁。此勢又稱「盲人問路法」和「依山擠靠法」。用單手扒拉人，使他的腳底站立不穩。

收勢：重心前移，左腳向右腳靠攏併齊，兩腿伸膝立直，右手鬆落於體側，目平視前方。（圖1-230）

圖1–231

圖1–232

【實戰舉例】

甲乙雙方右手相搭（右側為甲方），甲方右腳向前邁進，意想用右手背刮右腳面，右手產生擠勁，將乙方擠出。（圖1–231、圖1–232）

圖1-233

圖1-234

2. 左單手擠

左單手擠與右單手擠動作要領相同，唯姿勢相反。
（圖1-233、圖1-234）

左右交替練習，次數不限。

三、單手頂肘

1. 掌心摸肩頂肘法

①右手摸肩頂肘法：眼神先走，目向右視，右手抬起，掌心向裏摸左肩，右腳向右側橫跨一步；右手從左肩摸到右胸時，左腳向右腳靠攏併齊。（圖1-235、圖1-236）

意想勞宮穴找肩井穴，則肘尖產生頂撞勁。切記，頂肘不可想肘尖，一想肘尖則勁往自身返。太極拳的特點就

圖1-235

圖1-236

圖1-237

是用哪兒不想哪兒。

　　收勢：右手臂鬆落於體側，目平視前方。（圖1-237）

圖1-238

圖1-239

【實戰舉例】

甲乙雙方右手相搭（右側為甲方），甲方右腳向前邁進，右手從左肩摸到右肩，則產生肘勁並將乙方頂出。（圖1-238、圖1-239）

②左手摸肩頂肘法：與右單手摸肩頂肘法動作要領相同，唯姿勢相反。（圖1-240～圖1-242）

2. 掌摸乳頂肘法

圖1-240

①右掌摸乳頂肘法：眼神先走，目右視，起右手，掌心摸左乳，右腳向右側方橫跨一步；右手從左乳摸到右乳

圖1-241

圖1-242

圖1-243

圖1-244

時，左腳向右腳靠攏併齊。（圖1-243、圖1-244）

收勢：右手鬆落於體側，目平視前方。（圖1-245）

圖1-245　　　　　　　　　圖1-246

圖1-247　　　　　　　　　圖1-248

　　②左掌摸乳頂肘法：左掌摸乳頂肘法與右掌摸乳頂肘法動作要領相同，唯姿勢相反。（圖1-246～圖1-248）

　　左右交替練習，次數不限。

圖1-249

圖1-250

四、單手打靠

1. 右肩打靠

右手向前平伸，目視正前方，右腳向前上一步，右腿屈膝前弓成右弓步；同時，右手向身後擺，意想右肩頭找右腳，則右肩頭產生靠勁。目平視前方。（圖1-249、圖1-250）

收勢：右手鬆落於體側，左腳向右腳靠攏併齊，目平視前方。（圖1-251）

圖1-251

圖1-252

圖1-253

【實戰舉例】

甲乙雙方右手相搭（右側為甲方），甲方左腳向前邁
進，屈膝成左弓步，右肩找左腳則產生肩靠勁並將乙方靠
出。（圖1-252、圖1-253）

圖1-254

圖1-255

2. 左肩打靠

左肩打靠與右肩打靠動作要領相同,唯姿勢相反。(圖1-254～圖1-256)

左右交替練習,次數不限。

五、單手捋法

1. 單手右上捋

①右手抬起以食指摸一下左眉梢,然後食指離開左眉梢,二目注視右食指。此時右手背已產生很大的掤勁(捋中含掤),但自己絲毫沒有

圖1-256

| 圖1-257 | 圖1-258 |

感覺。當手背觸及對方身體時，則雙方頓感勁力很大且不可抗拒，若趁勢追逼對方則彼必倒地。（圖1-257）

②右手翻手心向外，然後右食指從兩眉中間畫到右眉梢，右眉梢含追右食指之意，頭部微向右扭轉，目視右後上方。（圖1-258）

當與對方右手搭手而對方用力時，我專心用右食指從左眉梢畫到右眉梢，則可將對方捋出。畫眉時用右食指畫左眉，翻轉食指向外畫右眉。只以手的皮膚與對方沾上就行。歌曰：「有意捋人人不動，無意捋人人消失。」老子思想：「無為而治。」

③**收勢**：右手鬆落於體側，目平視前方。（圖1-259）

【**實戰舉例**】

甲乙雙方右手相搭（右側為甲方），甲方右手食指畫

圖1-259

圖1-260

圖1-261

眉毛，右掌向右後上方捋，乙方被捋出。（圖1-260、圖
1-261）

圖1-262

圖1-263

圖1-264

2. 左單手上捋

左單手上捋與右單手上捋動作要領相同，唯姿勢相反。（圖1-262～圖1-264）

圖1-265　　　　　　　　圖1-266

六、單手按法

1. 右單手按法

右腳向右前方邁出一步，左腳跟進向右腳靠攏；同時，右手抬起，向左回圈，掌心向下，張開虎口，高與胸平，目視左前下方。（圖1-265、圖1-266）

意想右手拇指如按圖釘並往內旋，則產下按勁。

圖1-267

收勢： 右手鬆落於體側，身體轉正，目平視前方。（圖1-267）

圖1-268　　　　　　　圖1-269

圖1-270

2. 左單手按

左單手按與右單手按動作要領相同，唯姿勢相反。
（圖1-268～圖1-270）

圖1-271

圖1-272

【實戰舉例】

乙方用右臂橫於甲方胸前（右側為甲方），左手打擠，甲方左手置於乙方右肩窩處。隨後，甲方進左步，左手向右回圈按下，將乙方按出。（圖1-271、圖1-272）

七、單手沉採

1. 右單手沉採

圖1-273

①出右手向前上方伸探，指尖向前，掌心向下，高與目平，目視右手指尖前方。（圖1-273）

圖1-274

圖1-275

②右手向右後下方沉採，同時，右膝向前上提起，目平視前方。（圖1-274）

沉採意在提膝不在手，右膝上提則右手自採。

收勢：右腳落回原地，右手鬆垂。（圖1-275）

【**實戰舉例**】

甲乙雙方右手相搭（右側為甲方），甲方翻手刁捋乙方手腕，提右膝下採，將乙方採倒。（圖1-276、圖1-277）

圖1-276

圖1-277

圖1-278

圖1-279

圖1-280

115

2. 左單手沉採

左單手沉採與右單手沉採動作要領相同，唯姿勢相反。（圖1-278～圖1-280）

圖1-281   圖1-282

左右交替練習，次數不限。

八、單手上下捯法

1. 單手上捯法

①右單手上捯法：右腳向前邁出一步，右腿屈膝前弓，重心移至右腿，左腿在後伸直成右弓步；同時，右手向右腳上方伸出，手背與右腳面上下對正，高與肩平。目視右手指尖前方。（圖1-281）

意想右腳面則右掌產生上捯勁。原因是右手背為陽面，右腳面也是陽面，同性相斥，故意想右腳面則排斥右手背，而產生上捯勁（分力，腳手相分，也叫相沖）。

收勢：左腳向右腳靠攏併齊，右手鬆落於體側，目平視前方。（圖1-282）

圖1-283

圖1-284

【實戰舉例】

　　乙方用右臂橫於甲方胸前（右側為甲方），左手打擠，甲方右手置於乙方右手腕處。隨即，進右步，右手向右腳上方伸出，將乙方捌出。（圖1-283、圖1-284）

圖1-285　　　　　　　　圖1-286

②左單手上挒法：左單手上挒與右單手上挒動作要領相同，唯姿勢相反。（圖1-285、圖1-286）

左右交替練習，次數不限。

2. 單手下挒法

①右單手下挒：左腳向前邁出一步，右腳落平；同時，右手先向右後上方揚起，然後右手找左腳，向左前下方畫落，掌心斜向左下方，目視前下方。（圖1-287、圖1-288）

意想右勞宮穴找左湧泉穴（先想右勞宮穴，後想左湧泉穴），則右掌產生下挒勁。

收勢：右腳向左腳靠攏併齊，右手鬆落於體側，目平視前方。（圖1-289）

圖1-287

圖1-288

圖1-289

圖1-290

圖1-291

圖1-292

②左單手下捋：左單手下捋與右單手下捋動作要領相同，唯姿勢相反。（圖1-290～圖1-292）

左右式交替練習，次數不限。

圖1-293　　　　　　　　圖1-294

【實戰舉例】

甲乙雙方右手相搭（右側為甲方）。甲方用左手，扶於乙方後背處。隨後上右步，左手與右腳相合，沿乙方後背向下滑動至乙方腰椎以下，將乙方捌倒。（圖1-293、圖1-294）

打手歌的第一句說：「掤捋擠按須認真。」何謂「認真」，其一，要認真按動作要領練。沒有規矩不成方圓；其二，要經常練，反覆練。功夫不負有心人，久練出真功。

認真還有雙重意義，要像老太太穿針那樣聚精會神地使線頭對準針孔往裏穿。此時的心情是專一不二，無任何雜念。練太極要的就是這種虔誠心。

第二章
「哪吒鬧海」散手發勁36招
單人操練及實戰應用

　　所謂「哪吒鬧海」是將太極推手發勁的多種方法，比喻為哪吒對付蝦兵蟹將的招法。這些發勁招法，是由歷代太極推手精英們，在漫長的推手實踐中發明創造積累得到，並經過精選提煉最終流傳下來的行之有效的發手方法。36招中，每招都有其奧秘訣竅，值得今人及後人繼承發揚。

　　第一節介紹了散手發勁的單人練習方法，既是奉上了10種具體的練習方法，同時也能啟發讀者舉一反三，體會摸索出更多發勁的練習方法。

　　第二節介紹的36種發手方法具有立竿見影、簡便易行的特點。

　　不過，讀者還是應該本著「臺上一分鐘，台下十年功」的原則，多加練習，漸至從心所欲，與人交手時方能得心應手。

圖2-1

圖2-2

第一節　散手發勁單人操練

1. 霸王送客

（ I ）右霸王送客

預備勢：兩腳平行併立，二目平視，全身放鬆，心情安定。（圖2-1）

右腳向前邁出一步，右腿屈膝前弓，左腿在後伸直，上體略向前傾；同時，兩臂突然外旋，向右腳前斜伸，兩手掌心向前，指尖向下，展指凸掌心，勞宮吐力，意想兩手勞宮穴與前腳湧泉穴，則兩臂產生前繃勁，目視前下方。（圖2-2）

收勢：左腳向右腳靠攏併齊，兩手臂鬆落於體側，目

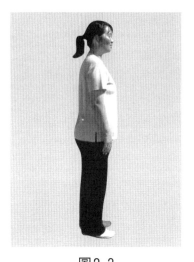

圖2-3

圖2-4

平視前方。（圖2-3）

（2）左霸王送客

左霸王送客與右霸王送客動作要領相同，唯左右腳相反。（圖2-4）

左右式交替練習，次數不限。

2. 提手摘星

（1）右提左按

預備勢：兩腳平行併立，全身放鬆，心情安定，二目平視前方。（圖2-5）

右手變鉤（虛鉤）向前上方勾提，腕部向前上，鉤尖向

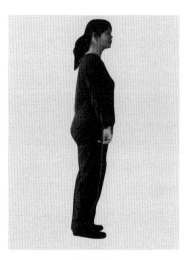

圖2-5

圖2-6

圖2-7

後下，高與頭平；左手向右前下按，掌心向下，指尖向右；同時，右腳上前一步成弓步。目視前上方。（圖2-6）

收勢：左腳向右腳靠攏併齊，兩手鬆垂，目平視。（圖2-7）

（2）左提右按

左提右按與右提左按動作要領相同，唯左右相反。（圖2-8）

左右交替練習，次數不限。

圖2-8

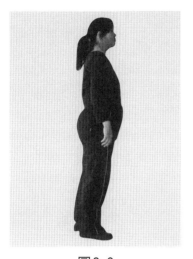

圖2-9

圖2-10

3. 雙星環繞

（1）右雙星環繞

預備勢：兩腳平行併立，全身放鬆，心情安定，二目平視前方。（圖2-9）

①右甩左進：兩手繞下弧線甩向右後上方握拳；同時，左腳向前邁進一步，上體右轉，目視右拳，此為拉弓。（圖2-10）

②回身摜擊：弓左膝，右腿蹬直，同時，雙拳向左腳尖方向側身摜擊，目轉視左前方，此為射雁。（圖2-11）

圖2-11

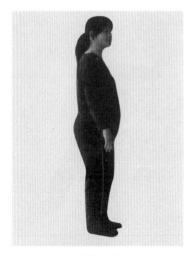

圖2-12　　　　　　　　　　圖2-13

收勢：後腳向前腳靠攏併齊，兩臂鬆落體側，目平視。（圖2-12）

（2）左雙星環繞

左雙星環繞與右雙星環繞動作要領相同，唯左右相反。（圖2-13、圖2-14）

左右交替練習，次數不限。

4. 反採撲按

（1）右反採撲按

預備式：兩腳平行併立，二目平視，全身放鬆，心情安定。（圖2-15）

①右手向上抬起，指尖向上，掌心向裏，高與目平。（圖2-16）

②右手走外弧線繞至右後上方，拇指尖與右眼成水

圖2-14

圖2-15

圖2-16

圖2-17

平;同時，左腳向前邁出半步，目視右食指尖。（圖2-17）

圖2-18　　　　　　　　圖2-19

③目轉視正前方，右掌心追眼神，向正前方撲按，掌心向前，手臂微彎曲。（圖2-18）

收勢：右腳向左腳靠攏併齊，右手鬆落於體側，目平視前方。（圖2-19）

（2）左反採撲按

左反採撲按與右反採撲按動作要領相同，唯左右相反。（圖2-20～圖2-22）

左右交替練習，次數不限。

5.園丁剪籬發手法

（1）進右步剪

預備勢：兩腳平行併立，全身放鬆，心情安定，目平視前方。（圖2-23）

圖2-20

圖2-21

圖2-22

圖2-23

圖2-24

圖2-25

①兩手抬起至胸前，掌心向下，指尖向前，兩前臂交叉成剪刀狀，右臂在上，左臂在下。（圖2-24）

②右腳向前邁進一步；同時，手臂追腳向右腳前上方剪去，目視手指尖。（圖2-25）

收勢：左腳向右腳內側靠攏併齊，兩臂鬆落於體側，目平視前方。（圖2-26）

圖2-26

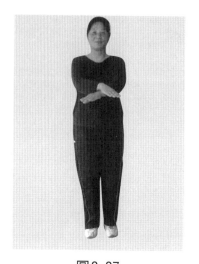

圖2-27

圖2-28

（2）進左步剪

進左步剪與進右步剪動作要領相同，唯左右相反。（圖2-27、圖2-28）

左右交替練習，次數不限。

6. 雄鷹搏兔

（1）左盤旋

預備勢：兩腳平行併立，全身放鬆，心情安定，目平視前方。（圖2-29）

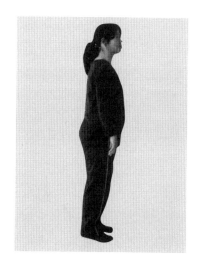

圖2-29

右腳向前方邁進一步，左腳跟進；同時，兩手從身體兩側抬起，虎口大張，右手掌心向下，拇指尖向裏，高與

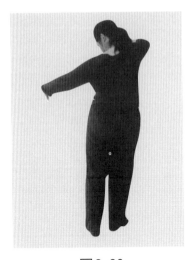

圖2-30

圖2-31

乳平；左手掌心向下，拇指
尖向裏，高與肚臍平。目俯
視左前下方。形似雄鷹搏兔
之勢。（圖2-30）

（2）右盤旋

左腳向右前方邁出一
步，右腳跟進；同時，左手
高抬，虎口大張，使拇指尖
朝向胸部，高與乳平，右手
下落，高與肚臍平，虎口大
張，拇指尖向裏，目俯視右
前下方。（圖2-31）

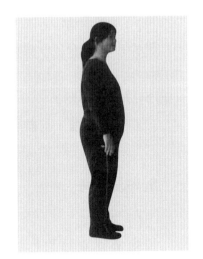

圖2-32

收勢：兩腳靠攏併齊，兩臂鬆落於體側，目平視。
（圖2-32）

圖2-33　　　　　　　　圖2-34

左右交替練習，次數不限。

7. 蓓蕾初放

（1）右蓓蕾初放式

預備勢：兩腳平行併立，全身放鬆，心情安定，目平視。（圖2-33）

①上右步雙手抱肩：右腳向前邁出一步，腳跟著地，腳尖翹起；同時，雙手抱肩，右手抱左肩，掌心對左肩井穴，相對不相接觸，左手抱右肩下方，掌心對右腋下之極泉穴，相對不相接。目平視前方。（圖2-34）

②弓步花開：右腳掌落平，右腿屈膝前弓，左腿伸直；同時，兩肘尖向右膝上方伸抬，空胸虛腋，長腰身，上體前傾，兩臂向外掤撐，右手在上，手心向下，左手在下，掌心斜向上，目視左後下方。（圖2-35）

圖2-35

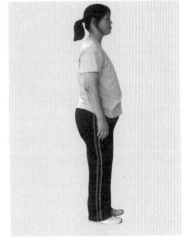

圖2-36

收勢：右腳向左腳靠攏併齊，兩腿伸膝立直，兩臂鬆落於體側，目平視前方。（圖2-36）

（2）左蓓蕾初放式

左蓓蕾初放式與右蓓蕾初放式動作要領相同，唯左右相反。（圖2-37、圖2-38）

左右交替練習，次數不限。

8. 解谿迎拳

（1）左解谿迎拳

預備勢：兩腳平行站立，兩手鬆握拳，心平氣和，目平視前方。（圖2-39）

上左步意想左解谿穴（解谿穴位置在腳踝橫紋正中凹陷處），與此同時，右拳向前伸，意想右拳與左解谿穴會合。（圖2-40）

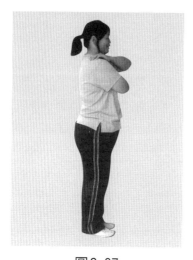

圖2-37

圖2-38

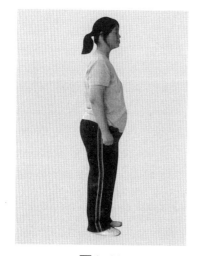

圖2-39

圖2-40

（2）右解谿迎拳

上右步意想右解谿穴；同時，左拳前伸，意想左拳與

圖2-41

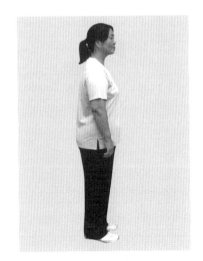

圖2-42

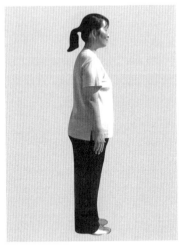

圖2-43

右解谿穴會合。（圖2-41）

　　收勢：左腳向右腳靠攏併齊，兩手臂鬆落於體側，目平視前方。（圖2-42）

9. 上步揚場

（1）右上步揚場

　　預備勢：兩腳平行站立，全身放鬆，心情安定，目平視。（圖2-43）

　　右腳上步，右膝前弓，左腿伸直；同時，兩手向右腳上方伸揚，右手在前，掌心向上，指尖高與目平；左手在後靠近右臂彎處，掌心向上，指尖向前。意想右手追右

圖2-44

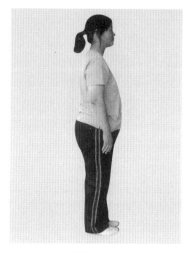

圖2-45

腳，左手追右手（後手追前手），目視右手指尖。（圖2-44）

收勢：左腳向右腳靠攏併齊，兩腿伸膝立直，兩臂鬆垂於體側，目平視前方。（圖2-45）

（2）左上步揚場

左上步揚場與右上步揚場動作要領相同，唯左右相反。（圖2-46）

左右交替練習，次數不限。

圖2-46

圖2-47　　　　　　　　　圖2-48

10. 童子拜佛發手法

預備勢：兩腳併立，全身放鬆，心情安定，精神內守，意想人中穴，二目平視前方。（圖2-47）

（1）繞頭圈

①鬆肩墜肘，兩手向前上抬起，合掌當胸，掌心貼嚴，感覺肩、肘、腕關節都鬆開了，心胸舒暢愉快。（圖2-48）

②合掌沿逆時針方向圍繞頭部繞一立圓。以時鐘為例，即由6點到3點為起，由3點到12點為承，由12點到9點為轉，由9點到6點為合。由6點到12點時意在右手，由12點到6點時意在左手。繞環時要儘量繞大圓。（圖2-49～圖2-52）

圖2-49

圖2-50

圖2-51

圖2-52

（2）繞左右平圈

①合掌向右倒臥，左手在上，右手在下。意在右手，

圖2-53

圖2-54

圖2-55

隨向身體左側繞一平圓後回復到胸前，指尖向上。（圖
2-53～圖2-55）

圖2-56　　　　　　　　　圖2-57

圖2-58

②合掌向左倒臥，右手在上，左手在下，意在左手，隨向身體右側繞一平圓再回復到胸前。指尖向上，目平視前方。（圖2-56～圖2-58）

太極拳推手奧秘

圖2-59

圖2-60

（3）繞面部立圓

合掌在面前向前、向上、向後、向下繞一正立圓，鬆肩墜肘，沉掌根回落到胸前。目平視前方。（圖2-59～圖2-61）

（4）提右膝蹬

右腿屈膝提起，高與腹平，右腳向前蹬出，目視前方。（圖2-62、圖2-63）

（5）提左膝蹬

左腿屈膝提起，高與腹平，左腳向前蹬出，目視前方。（圖2-64、圖2-65）

圖2-61

圖2-62

圖2-63

圖2-64

圖2-65

圖 2-66

（6）右側踹

右腿屈膝提起，右腳向右側踹出，高與腹平，目視右方。（圖2-66）

（7）左側踹

左腿屈膝提起，左腳向左側踹出，高與腹平，目視左方。（圖2-67）

（8）併步合掌

左腳下落向右腳靠攏併齊，雙手落於胸前，目平視前方。（圖2-68）

接下來重複練習，次數不限。

收勢：

①兩手向前平伸，指尖向前，掌心向下，意在小指少澤穴。（圖2-69）

圖2-67

圖2-68

圖2-69

圖2-70　　　　　　　　圖2-71

②兩手向左右兩側分展，掌心向下，兩臂展平，目平視前方。（圖2-70）

③最後，兩手慢慢鬆落於體側。（圖2-71）

第二節　散手發勁實戰應用

1. 霸王送客發手法

當對手用雙手按住我上臂時，我進右腳成弓步，兩臂外旋向前斜伸，展指吐掌，勞宮吐力則能將對手搠出。（圖2-72、圖2-73）

此式的奧秘在於兩手勞宮穴與前腳湧泉穴相合，手上就會產生搠勁。

圖2-72

圖2-73

圖2-74　　　　　　　　　圖2-75

2. 提手摘星發手法

當對手按住我上臂時，我右腳上步成右弓步，右手腕向對方頜下（下巴）舒伸，左手向自己右腳上橫按。此法攻防兼備，可應付任何來手。（圖2-74、圖2-75）

3. 雙星環繞發手法

當對手雙手推按我腕臂時，我順力將其引帶至右後上方，使其落空，然後，雙手握拳向對手面門貫擊。（圖2-76～圖2-78）

4. 反採撲按發手法

左手腕外側與對手腕部相接，隨後，左腕黏住對手腕部向左後上方反採，同時上右步，左掌向對手面部撲按。

圖2-76

圖2-77

圖2-78

圖2-79

（圖2-79～圖2-81）

太極拳推手奧祕

| 圖2-80 | 圖2-81 |

5. 園丁剪籬發手法

當對手按住我身體，或者一手與對手相搭受阻時，另一手向對手身體斜插，使兩臂呈剪刀狀，同時進步。意在少澤穴與至陰穴相連。（圖2-82、圖2-83）

註：少澤穴在兩手小指甲根外角處。至陰穴在兩足小趾甲根外角處。用意念將兩者相連會產生擠勁。此為人體兩儀，上下似有無形的連線。狀如蝙蝠翅膀。與人推手、搭手時意想少澤穴、至陰穴，手上內勁自來。此為以往不傳之密。

6. 雄鷹搏兔發手法

當對手上步以雙手推我時，我移步起手向左或向右盤旋，從而使對手向一側傾倒。（圖2-84、圖2-85）

此式的奧秘在於上手拇指如按圖釘向裏旋。

圖 2-82

圖 2-83

圖 2-84

圖 2-85

圖2-86

圖2-87

7. 蓓蕾初放發手法

當對手用手推我兩臂或肩胸時，我兩臂圓撐呈弧形，身體微轉，以蓓蕾花開之連續動作回擊，使對手跌出。左右用法相同。（圖2-86、圖2-87）

8. 解谿迎拳發手法

當對手用手推我兩臂或肩胸時，我以解谿迎拳之勢發手。左拳前伸，右腳上步，意想右腳解谿穴必將對手擊出。（圖2-88、圖2-89）

9. 上步揚場發手法

當對手用雙手推我兩臂或肩胸時，我以上步揚場之勢回擊。右腳上步，兩掌向對手頸部伸去，意想右手追右

圖2-88

圖2-89

圖2-90

圖2-91

腳，左手追右手必將對手擊出。（圖2-90、圖2-91）

左右式用法相同。

圖2-92　　　　　　　　　　圖2-93

10. 童子拜佛發手法

①當對手用手推我兩臂或肩胸時，我以雙手合掌向前一送，對手必倒退跌出。（圖2-92、圖2-93）

②當對手用手推我兩臂時，我合掌向右一撥，撥動對手左臂，對手必向我右側傾倒。（圖2-94、圖2-95）

③當對手用手推我兩臂時，我合掌向左一撥，撥動對手右臂，對手必向我左側傾倒。（圖2-96、圖2-97）

圖2-94

圖2-95

圖2-96

圖2-97

圖2-98

圖2-99

11. 吞雲吐霧發手法

當對手用雙手抓住我上臂
時，我兩臂從側方抬起，前臂
立直內旋，收腹含胸，全身龜
縮，將對手拿住（此為吞）。
隨即以雙掌向對手胸膛拍按，
對手必後退跌倒（此為吐）。
（圖2-98～圖2-101）

【要點】吞時意想命門，
吐時意想肚臍。

圖2-100

12. 九天攬月發手法

當對手用雙手推我兩臂時，我抬起左手張開虎口，從

圖2-101

<table>
<tr><td style="text-align:center">圖2-102</td><td style="text-align:center">圖2-103</td></tr>
</table>

對手右腕內側接住來手，右手向對手頸部右側伸出；同時，上右步，左手追右手，即可將對手發出。（圖2-102～圖2-104）

圖2-104

【要點】眼神先走，手追眼神，左手追右手，手腳合勁。

13. 廚師擀麵發手法

當對手用雙手推我兩臂時，我兩掌向前推送（如推擀麵杖），腳手合勁則必將對手發出。（圖2-105、圖2-106）

【要點】意在勞宮吐力。

圖2-105

14. 簸箕式發手法

當對手用雙手推我兩臂時，我抬起雙手，兩手背分擱

圖2-106

圖2-107

圖2-108

在對手兩臂彎處，隨向後粘黏引帶，一引即發（引進落空合即出），然後，雙手翻掌心向下，指尖向前，雙手向對手胸部直伸，必將對手發出。（圖2-107～圖2-109）

圖2-109

15. 舉杯敬酒發手法

當對手用雙手推我兩臂時，我抬起右手向對手嘴邊伸去，拇指食指捏攏，形似舉杯敬酒；同時，上右步進身，如此必將對手發出。（圖2-110、圖2-111）

16. 猿猴看樹發手法

當對手用雙手抓握我兩臂時，我眼神從對手頭部左側繞過望向對手的腦後；然後，右手翻手心向外，食指伸直，餘指微屈，以食指尖指向對手腦後，如此即可將對手發出。（圖2-112、圖2-113）

【要點】眼神先走，手追眼神。

圖2-110

圖2-111

圖2-112

圖2-113

圖2-114　　　　　　　　圖2-115

17. 青龍探爪發手法

當對手用雙手推我兩臂時，我抬起右手，掌心向前，指尖微屈，成龍爪狀，向對手面門舒伸；左手掌心向前，成龍爪狀前伸追右手。同時，目視對手面門，上右步追右手，腳手合勁，將對手發出。（圖2-114、圖2-115）

18. 丹鳳歸巢發手法

當對手用雙手推我兩臂時，我先放鬆，隨他一下。然後，出右手鬆握拳，獨以拇指尖直指對手胸口，腳手合勁，將對手發出。（圖2-116、圖2-117）

19. 青龍返首發手法

當對手用雙手推我兩臂時，我左臂後移避閃對方右

圖2-116

圖2-117

圖2-118

圖2-119

手,右手掌心翻轉向外,繞圈向對手背後,即左臂後退右
臂前進;同時,進左步,上體向左扭轉,目視左後方將對
手擊出。(圖2-118、圖2-119)

圖2-120　　　　　　　圖2-121

20. 彩鳳回頭發手法

當對手用雙手推我兩臂時，我抬起右手上舉，掌心向上成托天勢，左手下按，成按地勢；同時，上左步，上體自然左轉，目視右腳後跟，則對手必然傾斜跌倒。（圖2-120、圖2-121）

21. 驚蛇出洞發手法

當對手用雙手推我兩臂時，我右手五指併攏，形如蛇頭狀，向前上方舒伸，意想右手勞宮吐氣催手指，左手在後追右手。如此將對手發出。（圖2-122、圖2-123）

22. 白蛇吐信發手法

當對手用雙手推我兩臂時，我向前上方抬起雙手，兩

圖2-122

圖2-123

圖2-124

食指伸直，餘指回屈，兩手合谷相貼；隨即，用兩食指向
對手鼻孔舒伸；同時，上右步，腳手合勁，則必將對手發
出。（圖2-124、圖2-125）

圖2-125

23. 燕翅肩靠發手法

當對手用雙手推我兩臂時，我順來力方向，兩臂向後擺成燕飛勢；同時，進右步，腳踏中門，目視身體右後方，用左肩靠擊對方胸部，將對手發出。（圖2-126、圖2-127）

24. 挑燈問路發手法

當對手用雙手推我兩臂時，我先順對方來力鬆一下，然後，左手向前上方抬起超過頭頂高度，食指伸直，餘指微屈；同時，上左步，抬起右手置於胸前，掌心向前，指尖向上，兩手與前腳置於同一個垂直的立面內，形似挑打燈籠。兩眼平視前方，左右手一挑一推，必將對手發出。（圖2-128、圖2-129）

圖2-126

圖2-127

圖2-128

圖2-129

| 圖2-130 | 圖2-131 |

25. 太公釣魚發手法

當對手用雙手推我兩臂時，我雙手向前上方抬起，右手在前，左手在後，手指鬆握，狀似用手舉釣竿釣魚；同時，上右步，腳手合勁，目視前上方，即可將對手發出。（圖2-130、圖2-131）

26. 拍腿抖腕發手法

當對手用雙手抓我兩腕時，我順勢回拍自己的大腿，一拍即抖，即可將對手發出。（圖2-132、圖2-133）

27. 點臂指睛發手法

當對手用雙手推我前胸或推我兩臂時，我抬起右手以中指點按對手右臂的曲池穴；同時，抬起左手用中指伸向對手眼睛，這時，對手會身體後仰躲避我左手的攻擊，他

圖2-132

圖2-133

圖2-134

圖2-135

的右手就無法抽回，而被我右手中指點中下按，必使他就
地蹲倒。（圖2-134、圖2-135）

【要點】空胸虛腋則指點來勁。

圖2-136　　　　　　　　圖2-137

28. 撥打舵輪發手法

　　當對手用雙手推我兩臂時，我抬起右手以手背黏住對手左臂內側，抬起左手以掌心黏住對手右臂外側，兩手合力如打舵輪（方向盤）；同時，合力在身前按逆時針方向繞一個立圓，對手一定會傾斜跌倒。（圖2-136、圖2-137）

　　【要點】用意念想左手找右腳，右手找左腳，左右手相合。

29. 坐身磨轉發手法

　　推手當中，與對手搭手後，如對手推託我右肘尖，使我處於背勢時，我鬆左胯坐實，上體向右扭轉，即可將對手拋發出去。（圖2-138～圖2-140）

圖2-138

圖2-139

圖2-140

圖2-141　　　　　　　　圖2-142

30. 迎面劈捶發手法

當對手用雙手推我兩臂時，我抬起右手握拳，拳心向裏，拳背向對手面門，左手托於右前臂內側，合力向前上推送；同時，上右步，腳手合勁，即可將對手發出。（圖2-141、圖2-142）

31. 白猿獻果發手法

當對手用雙手推我兩臂時，我抬起雙手（形似捧桃狀）向對手嘴邊送去，如此即可將對手發出。（圖2-143、圖2-144）

32. 仙人指路發手法

當對手用雙手推我兩臂時，我抬起右手，用食指尖直

圖2-143　　　　　　　　　圖2-144

圖2-145　　　　　　　　　圖2-146

指對手兩眼兩眉當中的玄觀竅，就可將對手發出。（圖
2-145、圖2-146）

| 圖2-147 | 圖2-148 |

33. 左顧右盼發手法

當對手用兩手推我兩臂時，我向左看對手的右手食指，即可使對手傾跌。（圖2-147、圖2-148）

【要點】天目看尾閭，打擊效果更大。

註：天目在前額正中。

34. 進步團撞發手法

當對手用雙手推我兩肘時，我兩臂內旋，使兩手心翻轉向外，拇指向地，小指向天，中指尖相對，兩臂形成環狀，高與肩平；同時，上右步，即可將對手發出。（圖2-149、圖2-150）

35. 劉全敬瓜發手法

當對手用雙手推我兩臂時，我抬起右手，手心向上，

圖2-149

圖2-150

圖2-151

圖2-152

虎口向前,向對手下頜下方舒伸,左手心向下,伴隨右手舒伸;同時,上右步,腳手合勁,將對手發出。(圖2-151、圖2-152)

圖2-153　　　　　　圖2-154

36. 凸掌掤發發手法

當對手用手推我兩臂時，我展指凸掌心，勞宮吐力，即可將對手掤發出去。（圖2-153、圖2-154）

【要點】雙手掌凸出，催動手指前伸，意念注意腳心。

第三章
太極拳勢用法舉要及紮杆

第一節　太極拳勢用法舉要

1. 手揮琵琶用法

當對手出右拳擊我胸部時，我起右手刁住對手手腕，出左手以食指指向對手右臂前，右手擰對手右腕，左臂挫對手上臂，迫使對手身體向左側傾，隨以鈍鐮割草法將對手捋近我身，出左手以中指尖反點對手左翳風穴，然後我右腳中趾摳地，則力貫左中指尖，勁透對手右翳風穴，對手必傾倒。（圖3-1～圖3-5）

圖3-1

圖3-2 圖3-3

圖3-4 圖3-5

2. 野馬分鬃用法

①當對手出右手打我左耳時，我起左手向上托對手的

圖3-6

圖3-7

圖3-8

肘向右橫撥，形似狸貓洗臉，隨後進右步至對手身前攔住
對手雙腿；同時，進右肩貼對手腋下，目視對手太陽穴。
（圖3-6～圖3-8）

圖3-9

②身向前擁，分展兩臂，目視左後方，則必將對方靠擊出去。（圖3-9）

【理法】

③貼近對手身體為獲勝前提。諺云：「遠拳近肘貼身靠。」此式技法為肩打靠。

④分展四象兩儀，則必將對方掀翻。上下四肢為人體四象。以左手小指尖尺側到左足小趾尖外側為左翼；從右手小指尖尺側到右足小趾尖外側為右翼，左右兩儀，類似蝙蝠之翼，兩翼分展必排斥異體，故勝券在握。

3. 玉女穿梭用法

當對手向我胸部擊來時，我右手捉彼腕，左手捉彼肘上，兩手合力向右斜捋，使對手落空，然後向上托架，騰出左手從對手臂下前穿，隨以掌撲蓋對手面部，繼而撒開

圖3-10

圖3-11

圖3-12

右手撲擊對手胸部，左手上架右手前推則對手必傾跌。
（圖3-10～圖3-12）

圖3-13　　　　　　　圖3-14

4. 高探馬用法

①當對手出右拳擊我胸部時，我起左手張虎口接住對手腕部向外格開；同時，左腳向左橫開，重心前移，左手追左腳，手腳合力沉採對手手臂，右手伸向對手頸部右側，使其來拳落空，頭頸受制。此為「探馬掌」。（圖3-13、圖3-14）

②我以左手夾持對手右腕往其背後大椎推送，右手搬對手頭頸向我左後下方按壓，隨以右肘尖抵住對手脊柱並往後下滾壓，對手必受制跪趴在地。（圖3-15、圖3-16）

【理法】

①你打你的，我打我的。你打我時叫你打不到，我打你時叫你跑不掉。以制敵死地而後快。

②人不犯我，我不犯人，人若犯我，我必犯人。且以

圖3-15

圖3-16

得勝而後快。

5. 白鶴亮翅用法

當對手出右拳擊我胸部
時，我起右手刁捋對手右
腕，左臂穿於對手右臂下向
對手左肩前斜挫，繼而以右
手採捋對手手腕，我左臂黏
貼對手手臂回抽，翻於對手
右臂上，然後向前下斜按回
勾，鬆開右手以手背黏貼對
手右腕，兩手合力旋繞，對
手必跪地。（圖3-17～圖
3-20）

圖3-17

圖3-18

圖3-19

6. 雲手用法

①當對手出右手打我左耳時，我起左手先於對方捂護左耳。（圖3-21、圖3-22）

②起右手走下弧線從右下往左上繞到對手手臂外側，掌心向裏；同時，左手掌心翻轉向外，並以左右兩臂內側黏住對手手臂。（圖3-23）

③兩手凸掌心相搓，猶如搓麻繩。如此則對手必受制仰跌。（圖3-24）

圖3-20

圖3-21

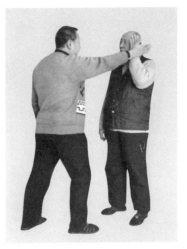

圖3-22

圖3-23

圖3-24

【理法】

①「以逸待勞，後發先至」。

圖3-25

圖3-26

②眼神看對手肩頭，便知其出手動向，因動手必先動肩。

③出手與對手來手相交成「十」字，橫能破豎，豎能破橫，巧能制拙，柔能克剛。

7. 單鞭用法

①當對手出右拳擊我面部時，我起右手刁捋對手腕部，隨上左步邁到對手身後。（圖3-25～圖3-27）

②掄起左臂向對手面前揮甩出去，則可將對手拋出。（圖3-28）

【理法】

①對手出拳擊我，如送貨上門。既然給我我就要，刁住對手手腕將其引進落空。

②空甩左臂是忘掉接觸手。此為反向思維。用空手時

圖3-27

圖3-28

在無意之間帶動接觸手將對手拋發出去。

8. 下勢用法

當對手出右拳擊我胸部時，我起右手刁捋對手手腕，以左前臂尺側黏住對手上臂，兩手向上合力掤起，然後右腳向後撤一大步，屈右膝下蹲成左仆步；同時，右手向後捋，左前臂滾轉下壓。先虛左腳，後空右腳，

圖3-29

使全身重量壓於對手手臂，對手必倒地。（圖3-29～圖3-31）

圖3-30　　　　　　　　圖3-31

第二節　太極紮杆（推黑白約子）

推黑白約子，是介於二人空手互推和二人各持一杆的太極粘杆之間的，二人互持一杆互相推逼的習練方法。其形猶如太極陰陽雙魚圖。中間杆子為中極之弦，非陰非陽，亦陰亦陽，發勁則猶如魚追尾。有點像聽勁的感覺特別靈敏，只要雙手一握杆子，則對手的動靜虛實，陰陽剛柔都能感覺出來。因而可以實施化、引、拿、發。

推黑白約子是太極大師王培生先生於20世紀80年代傳授的，是一種特別有益於身心健康和提高技藝的運動方式。誰玩誰受益，玩得越多則受益越大，應當推而廣之。

【練習方法】

用一根約1.5米長的杆子，二人各握一頭，互相推逼，如同練捅槍一搬，無論是向前紮還是向後拽，都要聽

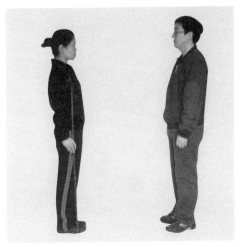

圖3-32

圖3-33

圖3-34

著對方的勁，捨己從人，隨屈就伸，趁人之勢，借人之力，實施化、引、拿、發。握杆方式，可交叉握，亦可拉開距離各握一頭。（圖3-32～圖3-47）

圖3-35

圖3-36

圖3-37

圖 3-38

圖 3-39

圖 3-40

圖3-41

圖3-42　　　　　　圖3-43

圖3-44

圖3-45

圖3-46

圖3-47

第四章
太極八法與八卦樁法
勁別之對應關係

　　太極拳的基本八法是掤、捋、擠、按、採、挒、肘、靠。它既是八種手法，又是八種勁別。其中掤、擠、肘、靠四手為進攻手；捋、按、採、挒四手為化解手，即捋破掤、按破擠、採破肘，挒破靠。

　　太極拳基本八法的勁源心法要訣如下：

　　　　掤勁命門找環跳，捋勁食指畫眉梢。

　　　　擠勁脊背找前腳，按勁憑欄樓下瞧。

　　　　採勁玄關找肩井，挒勁意在蹬後腳。

　　　　肘勁勞宮肩井合，靠勁玉枕扛大包。

　　太極拳的基本八法，又名攬雀尾。其歌訣如下：

　　　　攬雀尾勢是精華，掤擠肘靠進攻法。

　　　　捋按採挒為化解，引進落空把敵發。

　　　　八卦的卦名是乾、坎、艮、震、巽、離、坤、兌，其卦象符號是：☰☵☶☳☴☲☷☱。

　　其歌訣如下：

　　　　乾三連，坤六段，離中虛，坎中滿，

　　　　震仰盂，艮覆碗，兌上缺，巽下斷。

　　八卦歌訣所表述的是八卦的卦形、卦象。如「乾三連」指其符號的下、中、上三條短線（三爻）都是連線；「坤六段」指其上、中、下三條短線都是虛線。「離中虛」指其下、上為連線，中間為虛線；「坎中滿」指其三條短線的下、上為虛線，中間是滿實的連線；「震仰盂」的卦形好像一只口朝上的痰盂，中、上空虛，底部是實線；「艮覆碗」的卦象好像是口朝下扣著的碗，碗底在上是實線，中、下部是虛線表示空虛。

　　太極八法與八卦的對應是：

　　採與乾、挒與坤、捋與離、掤與坎、擠與震、肘與艮、按與兌、靠與巽兩兩相對。

　　其歌訣如下：

　　　　採求乾三連（☰），挒行坤六段（☷）；
　　　　捋要離中虛（☲），掤填坎中滿（☵）；
　　　　擠是震仰盂（☳），肘是艮覆碗（☶）；
　　　　按勁兌上缺（☱），靠勁巽下斷（☴）。

太極八法與八卦對應關係表

八法	掤	捋	擠	按	採	挒	肘	靠
八卦	坎	離	震	兌	乾	坤	艮	巽
卦象	☵	☲	☳	☱	☰	☷	☶	☴

　　以上八種對應，產生八種勁別，在外形是八種形體動作，在內則是意念活動，即右腦的形象化思維活動。卦形是上、中、下爻，人體是上、中、下盤，所謂對應，就是對照卦象的虛實來用意念操控自身上、中、下三盤的虛

實，如此便可產生出不同的勁別，用之於技擊實戰之中。太極八法與八卦的對應關係具體操作如下。

一、掤填坎中滿

圖4-1　掤填坎中滿（☵）

「掤填坎中滿」指在發手時，意想命門穴去找前腿之胯側的環跳穴，就好像是從命門往環跳畫了一橫道，形似坎卦卦象（☵），上下虛，中盤實。發掤手用的就是腰胯勁，即進腰胯。意想手臂長在腰胯上，掤勁自然來。諺云：「手從腰出，勁大如牛，腰在手後跟，勁大如雷霆。」歌曰：「忘掉手（上盤虛），忘掉腳（下盤虛），只想命門找環跳（中盤滿）。」即如卦象坎中滿。命門在右腎的左上角（左腎右命門）。腎在人體之內，五行屬水，八卦的坎為水。掤勁也屬水，即出手如水六面勁，見縫就鑽，水能浮舟，也能覆舟。掤勁貫穿於一切動作之

199

中，它是一種暗勁，是一種彈性力，太極拳的八手功夫，都暗含著掤勁。

掤為進攻手。如與對手右手腕相搭，隨翻掌心向前，以食指尖指向對手的左眉梢，拇指肚對準對手的鼻子尖，我之鼻尖對準對手的右鼻孔，我之右腳找右手（意念找），後手追前手（前手進，後手追，等距離等速前進），意在命門找右環跳。如此，就產生了向前、向上的掤勁。

二、将要離中虛

圖4-2　将要離中虛（☰）

「将要離中虛」是指應用太極将手時，要求自身中盤，即腰腹間要鬆活，腰間好像安裝了一盤大軸承似的，轉動十分靈活。只要你的眼睛從左眉梢看到右眉梢，或從右眉梢看到左眉梢，你就會感覺到帶脈在繞腰間來回旋轉；見其卦象（☰）則一目了然。

將破掤。當對手發右掤手攻擊我時，我以左手黏其肘，右手黏其腕，隨以右手食指從左眉梢畫到右眉梢，帶動腰部向右一轉，使對手掤手落空，化解來勁。

人的面部有兩道眉、兩隻眼睛及鼻孔，合起來是個頭朝下的「火」字（嬰兒在母腹中，火字頭朝上）。火能化萬物，所以將可破掤，亦可化解其他來手，即凡是對手擊來之手，可把它比作送貨上門，一律接收，來就要，要即是打。我用刁將手法向左右上下引進落空，使對手跌跌撲撲，不能穩定重心，處處暴露被動挨打，從而心驚膽戰，暗自認輸。

三、擠是震仰盂

圖4-3　擠是震仰盂（☳）

「擠是震仰盂」主要指盂子底部的一條連線。如震卦的卦象（☳），在人體則是指兩腳底。當以擠手攻擊對手

時，把意念放在腳底，先想後腳，再想前腳，然後默念「前腳、前腳」，則擠勁產生，便將對方轟然擠出，勢不可擋。注意，默念只是兩句，不可念三句，若念三句，則會洩勁。

擠是進攻手，且易於進手、搭手就擠，左右交替打擠，不容對手還手。前面歌訣中所說的「脊背找前腳」，那是另一種意境，即意想前腳與夾脊合，也產生擠勁，叫寅卯合，是人體十二地支相合、相沖所產生的勁力。太極八法的每一法，都有多種勁源，此文主講八法與八卦對應所產生的勁別。

四、按是兌上缺

圖4-4　按是兌上缺（☱）

「按是兌上缺」，如卦象（☱），即上爻是虛缺的。在人體取按勢時，則意想胸部膻中穴以上是空虛的，如此

手上則產生按勁。

按破擠：設對手以擠手攻擊我時，我則空胸虛腋，眼神俯視，以下手扶對手肘上，上手黏其肩後，並以下手追眼神，後手（上手）追下手按之，即可使對手擠勁落空而傾跌。

五、採求乾三連

圖4-5　採求乾三連（三）

乾卦的三條連線，原為三點（⋮）的延長線。在運用採法時，須求人體本身之上、中、下三個丹田成垂直一線，如一根立軸，可以左右旋轉。上丹田位於兩眼、兩眉當中的玄關竅水平往裏，頭頂囟門穴垂直往下，兩者相交的90°角處；中丹田在肚臍往裏，命門往前的前十分之三處；下丹田在二便當中的會陰穴。

太極拳對身法的要求是立身中正，上下一條線，全憑

左右轉。太極八法中的採法，就是在立身中正的前提下，左旋或右轉，即玄關找左肩井，向左採；玄關找右肩井，向右採。

採破肘：設對手進右肘頂我前胸時，我一側身以左前臂豎直，與擊來之肘的上臂交叉成「十」字，左大指尖對正鼻尖，以右手扶在對手右手背上隨以玄關找右肩井，對手必傾跌，若以玄關找左肩井則對手必仰跌。無論向左採或向右採，左拇指尖與鼻尖的前後關係始終保持不變。

六、捯行坤六段

圖4-6　捯行坤六段（☷）

運用騰挪捯法，要求自身的肩、肘、腕、胯、膝、足6大關節都鬆開。每個大關節間都要很鬆活，即如卦象（☷），這樣，運用捯法才便利從心。坤六段的內在系統是兩眼球、兩內腎（腰子）、兩睪丸（女子為兩乳頭）。

兩眼球的開合，管兩手腕、兩腳踝；兩腰子的開合，管兩肘、兩膝；兩睪丸的開合，管兩肩、兩胯。六球開則大關節緊，六球合則大關節鬆，即以六球開合來操控上下肢各大關節的鬆與緊。

捌

　　捌破靠：設對手進左肩靠擊我胸部，我左手採其左臂，右手按其左肩，隨抽提左腳以騰挪避閃，使對手靠勁落空。按照「引進落空合即出」的法則，隨即發掤手將對手發放出去（此處專指騰挪捌法）。

七、肘是艮覆碗

圖4-7　肘是艮覆碗（☶）

　　肘法，是一種進攻手法。當與對手身體靠近時，可用肘法進行攻擊。諺云：「遠拳近肘貼身靠。」

　　當用肘法時，必須忘掉身體的中下盤，好像身體的中下盤被水淹沒了似的，只有肩肘部露在水面上。進入此種

意境，則產生肘勁。恰如艮卦的卦象（☶），上爻連線（實線），中下爻是虛線。此時，左手勞宮與左肩井穴相合，後肘追前肘，左膝找左肘，如此則加大肘法的整體勁，又名「混元勁」。此勁勢不可擋。

肘法多種多樣，可以傷人，也可以發人。

八、靠是巽下斷

圖4-8　靠是巽下斷（☴）

「靠是巽下斷」如卦象（☴）。當以肩打靠時，意想腳底一空，則靠勁頓生。腳底空是先空後腳，再空前腳。後腳為虛腳容易空，前腳為實腳難空，但只要意想前腿欲提膝走路就夠了，就要這實中有點兒虛（連中有點兒斷），陰中有點兒陽，這就等於是太極圖之陰魚有一點兒陽眼。腳底太極圖一出現，身上和手上太極勁產生，打擊力量自現。所謂巽斷，並非雙腳離開地面，而是形連意

斷，「凡此皆是意，不在外面」。

巽為風。取靠勢時，意想腳底生風，靠勁自來。若在「風」字上再加一「疒」旁，那樣人就像瘋了似的，如天馬行空，勇往直前，銅牆鐵壁也難以遮擋。但我仍是有意無形，只讓對手感覺到我靠勁不可阻擋。

靠擊也是進攻之法。靠有肩靠、背靠、胯靠，靠也叫靠打，屬近身攻戰的方法之一。諺云：「遠拳近肘貼身靠。」貼近對手身體時，採用靠擊法。

巽卦可以當做樁功來練，練巽樁好養生。巽樁養生歌訣如下：

> 腳踏祥雲身自玄，玄妙之門身自尋。
> 尋之至身顏微笑，笑顏常開身自安。

巽樁練法，簡單易行，見效又快，如立竿見影。首先，心情要安定下來，全身放鬆，意想腳踏祥雲，或腳底生風，登萍渡水，如履薄冰，躡腳潛蹤，踏雪無痕。都是一種意境，只要能找到一種感覺就可以。久之，身體內部則起化學、物理的變化，手上六面勁產生。這是武術輕功的基本練習方法，或起步練法。太極八卦是一家，陰陽變化同一理。

太極八法之所以能和八卦相對應，是基於人體本身與八卦相對應的緣故。人體的表裏，全是八卦組合體。人體以腰為太極，兩內腎（腰子）形如蠶豆瓣，左高右低併攏在一處。酷似左陽右陰的雙魚形太極圖。

「太極生兩儀」，兩儀即脊骨兩旁的兩股大筋。「兩儀生四象」，四象即四肢。兩儀之上通兩腋大筋，發於手

膊;下通兩胯後筋。發於兩腿。「四象生八卦」,八卦即四肢八節。八八生六十四卦,即手、足指(趾)節的五十六節與臂、腿八節合為六十四卦。內家拳勁力由腰發於兩儀筋,再由兩儀筋發於四肢,此為心法;又四肢八節發於手足指(趾)節,此為用手(足)法,是以身法現四肢,此與旁門有別。

八卦的每一卦象都是由三條短線表示的,而人體周身皆卦象。如人體分上、中、下三盤;四肢有根、中、梢三節(上肢為肩、肘、腕,下肢為胯、膝、踝);經脈在上下肢都各有三條陰經、三條陽經,恰如八卦的三條線或三節段。再以丹田與六球論,丹田有上、中、下三田,六球有上球(兩眼球),中球(兩邊腎)、下球(兩睪丸或卵巢);而三田為「乾三連」,六球為「坤六段」。

人體身後還有「後三關」,即尾閭、夾脊、玉枕關。在人的面部口鼻間,也分三層,鼻通天(呼吸空氣),口通地(一切飲食皆來自於地),口上、鼻下中間水溝有一穴位叫「人中」,即天在上,地在下,人居其中,叫天、地、人三才,恰與卦象吻合。

人體臍以上為天,臍以下為地,肚臍在中是謂人生之門,亦同卦象。

組成八卦的每一條線,叫做「爻」。其中的直連線(—)稱為「陽爻」;斷成兩個小節的線(––)稱為「陰爻」;不論是單卦的三爻還是兩卦上下重疊的復卦六爻,都是由陰(––)和陽(—)二爻組成。而人體表裏也都是陰陽爻的組合體。

例如右陰左陽,下陰上陽,裏陰外陽,五臟陰、六腑

陽，靜脈陰、動脈陽，血陰氣陽等等。所以，人體即是卦象，卦象亦似人體，無非都是陰陽組合體。

常言道：「站有站相，坐有坐相」，什麼相？卦象。例如一個人坐在沙發上，他中間是坐實的，頭腳兩頭虛，顯然是一個「坎卦」。與人交戰前，首先應量敵，打量對手上、中、下三盤的虛實狀態。諺云：「行家一落眼，便知深和淺。」看破對手的虛實所在，以避實擊虛。

太極拳基本八法的動作姿勢各不相同，就是因其所體現的卦象不同。這種變化是心法和身法（包括手、眼、步法）協調配合進行的，可以說，打拳即是「變卦」，推手也是「變卦」。

人體十二正經也是一陰一陽（一手一足，一臟一腑）交流循環的，十二經脈相互銜接，由陰入陽，由陽入陰（從表走裏、從裏走表、自上而下、自下而上），陰陽相隨，內外相貫。手三陰由胸到手，手三陽由手到頭，足三陽由頭到足，足三陰由足到腹，正是一個大循環。手三陰（☷）和手三陽（☰）重疊在一起成為復卦（䷊），其名為「泰」卦，即「地天泰」。而足三陽（☰）與足三陰（☷）重疊為復卦（䷋），名為「否」卦，即「天地否」。

說來說去，人體也是一部天書，需要好好研究。武術不只是三拳兩腳，蹦竄跳躍，它是文化，而且是很深奧的文化，應把武術提高到文化藝術的高度來看待，方可有望到達頂峰。

在神話故事中，有太上老君把孫悟空投入八卦爐中燒煉，其結果是使孫悟空煉成了銅頭鐵臂，火眼金睛，反而

更厲害了。其寓意，在本師門中是讓習者在太極八法的基礎上，再加練八卦樁功的意思。這可使習者的功夫，提升到一個更高的層次。諺云：「太極加八卦，神鬼都不怕。」

　　歌曰：

　　　　　捋南掤北，擠東按西，

　　　　　掤坎捋離，擠震按兌。

附錄
王培生先生太極推手文選

太極拳推手術

太極拳推手是一種知覺運動，鍛鍊的是人體末梢神經的靈敏性。人體的皮膚感覺可以練得像蟋蟀觸角那麼敏銳，指揮身體快速靈活地進退變化。學者從中可以體會到極大的推敲趣味，樂在其中，從而達到健身的目的。

「推手」是太極拳中的術語，也叫搭手、靠手、揉手等，名稱不一。各派拳術中也都有透過推手練習進身用著的方法。太極拳術以懂勁為要訣。懂勁的初步是使皮膚感覺靈敏。感覺的鍛鍊方法，在兩人肘、腕、掌、指互相搭著循環推動的過程中，用心體會研磨皮膚及壓迫的溫涼感覺，以此查知對方用力的大小、輕重、虛實及經過方位。如此練習久了，神經的感覺會特別敏感，並能黏走互助，對方稍微一動，自己就會知道對方發勁的方向和虛實，這樣才能說是懂勁。

所以，練習太極拳的人不學推手等於沒學，學了推手而未能懂勁，在運用時決不會正確的。

因此，我們學習推手時，應特別用心揣摩它的道理，

211

同時還要下苦工夫將推手中各種勁的運用方法徹底學會掌握，並能靈活運用。到此才可以說是有了體用兼備的基礎，在此基礎上堅持不懈地鍛鍊才能不斷創新、發展、完善。只有這樣做，才能出現「用意不用力」的效應，也即是真正進入了神明的境界。

先談一下太極拳的攻守價值。

太極拳也和其他拳一樣以對敵的攻守為最終目的。不過，在方法上它有它的獨到之處。它在戰略上是以「以逸待勞」「動得機先」為原則；在戰術上，用最經濟的力量和時間，恰當、巧妙、制勝為原則。所謂「彼不動，己不動，彼微動，己先動」「以慢讓快」「四兩撥千斤」等都是這個用意，所有招式的用法都是如此。訓練中，不但注意單人對招式的熟悉，尤其注意兩人對抗的實踐。這是符合科學的研究方法。我認為太極拳攻守上有很高的價值，原因就在這裏。

這裏對攻守的訓練方法作一介紹。

個人對拳式的熟悉，是以強健身體，熟練招式為目的，這和軍事學上操實習一樣；兩人對抗練習的目的是把所學的手法、身法付諸實踐，以取得對抗的經驗，增強自信。這種訓練程序有兩個步驟：

推手（包括定步推手與活步的大捋）。

散手對打（即爛採花或採浪花）。

推手的目的，一是練習知彼（對方用力或方向）的感覺；二是鍛鍊手、足、肩、腰轉動的靈活性；三是體會實現「我順人背」「牽動四兩撥千斤」的基本方法，即太極八法（掤、捋、擠、按、採、挒、肘、靠）。這種基本對

抗訓練的確很重要。

散手對打的目的，就在於練習各種招式的應用。各種招式都有其原來的變化和作用，而每種作用和變化都是用最經濟的力量和時間，達到攻守的目的。這是太極拳推手術的精華所在。

練拳講究要有理，就是認識拳術的規律、掌握拳術的規律，從而為人身服務。推手亦要「以理」服人，反對「以力服人、以功服人」（即倚仗自己的功夫深）。推手要有理有節，推手發人，俗稱「搶位」，就是佔領對方的位置，從而用各種勁力將對方發出。搶位要照顧到前後、左右、上下六個方面，簡單說推手也主要沿著六個方面解決「搶位」，俗稱「衝子」。

推手運動中，假設有三道圈線：第一道線不能超越「手前足前」；第二道圈不能超越「肘前膝前」；第三道線為軀幹，即包括「肩、腰、胸、腹、胯」各部。總之，要盡可能在最有把握的防線內解決外來的襲擊。

推手講快，必須要「搶先」，一般要用「先中先」，再講「後中先」。先中先也就是說先發先至，先發制人。所謂後中先，就是後發，但要搶先到。總之，慢讓快也。

推手化發勁力的三個時期：

第一時期。是在彼力尚未發出之際，應採取先發制人或引之落空的手法。

第二時期。是在彼力將觸我身之際，可採取上述兩法，兼施並用，或帶之傾斜。

第三時期。當彼力已作用於我身之際，這時主要用變換，要用後發制人，即見肉分離法，或用轉之還原法。

推手時要注意自己和對手的姿勢位置，左右兩邊有差別，一般講打前腿要「管」而後拿放。打後腿較好打，前腿一般要向下發拿；打後腿用上提拿或下推放。總之要注意兩腿位置的差別。

勁力發放或提拿要有部位，上打頂，打兩肩，打兩胯，打兩膝，打兩足。總之，要有部位，要準。

練推手大體經過三個階段：

第一階段為練式，即用式變手。

第二階段為練功，即練習各種勁，以勁變手。

第三階段為練「意氣」（對這個問題在這裏不做詳解，另有專題來講）。即調動周身各機體局部包括肌肉、關節、韌帶、神經等機體（包括內在機體活動）以意氣變手。

所謂「鬆」，不是弱，不是跑，不是疲杳。推手講「鬆」，主要講變，變法主要是順勁力，順要向對手身上或向對手不利位置或空當處順，切忌向自己身上泄力（但真正能夠向自己身上泄力者除外）。

練習諸勁，以粘勁為主要的勁，沒此勁拿不起人怎能發人？不能粘人就不是太極拳，可見此勁之重要。

練勁要注意「薄、順、短、脆、遠」五字訣。五字訣是指勁力而言。

薄：是指勁力要薄要用「坯力」，即臂部一面用力，用上即上部發，用側即側部發，忌整忌硬，勁力發出要薄，著重使用「臨皮勁」（即發於皮毛之意）。

順：是指勁要由根發於梢節，要做到根鬆、催中通順、梢發透，忌斷忌僵，對方來力之點，點拿得越嚴越

好，拿放當中要引申出內勁來，操作時要順、要鬆、要由臂部上坯抖出，不可整個臂部全部發勁。「坯」最要緊臂部上下、左右都要拆開拆用。

短：發勁要短要銳，不能發長、老之勁，如彈脫膛，愈短愈鋒利。

脆：勁脆，即快，勁發如脫箭，勁發寸勁，言其合適，可想脆之意甚為重要。

遠：勁要能打近打遠，學發遠力才能會發勁。推手一般投、彈、抖、扔、擲等力最多，勁遠為貴，遠而有準，指哪裏打哪裏。

練習粘勁：主要在發勁後掌心要能凸出又縮回，要有吞吐勁才能練出粘勁來，即借反作用力將人粘起，但須要多練自有體會。

四梢結合：就是以腰結合兩頭，透過鬆腰腹和四梢結合，怎樣解決注意四梢結合的問題？盤拳時要注意實手與實腿，實手與虛腿；虛手 與虛腿、虛手與實腿也都應注意。練習到推手如何管嚴的問題，從體上說，如能做到四梢不脫離，搭手即嚴，也就是沒有凸凹、缺陷、斷續三大毛病。搭手不管多少點，點點不能脫離。當對方出現三大毛病時即可擊之。

太極拳的「意」：太極拳的特定路線作為「意」的假設，路線的概念即太極拳的「意」。路線存在決定「意」，也即存在決定「意識」。

還有「意、氣、勁、神」為拳之四要，亦稱體之四要；「發、拿、化、打」為推手之四要。假如在推手時，「意氣勁神」有一方面被對方拿到，則其必敗無疑，此點

須多實習當能領悟。

太極拳慢而無力，學者多懷疑或謂之不能應用，徒能鍛鍊身體。蓋練拳之道，首宜研究拳理，拳理瞭解後再學方法，方法精熟始能應用，非拳術之不能應用，實際是功夫之尚未到家。如煉鋼一樣，是要由生鐵煉成熟鐵，由熟鐵再煉成純鋼，非經過長時間火候不能成功。

太極拳之所以由慢而成者，其練習時候純任自然，不尚力氣而尚用意，用力則笨，用氣則滯，是以沉氣鬆力為要。太極拳以靜制動，以柔克剛，無中生有，有若無，實若虛，逆來順受，不丟不頂，均係虛實之變化也。慢者緩也，慢所以靜，靜所以守，守之謂定，此即心中之氣定也。心定而後靜，靜後而神安，神安而後氣沉，氣沉而後精神團聚，乃能聚精會神，一氣貫通。慢由於心細，心細則神清，神清則氣爽，乃無氣滯弊；快由於心粗，心粗由於急，急則氣浮，氣浮不沉，心急不靜，不沉不靜，心無所守則散亂之病生，虛靈二字更無由求。

以柔克剛、以靜制動，這都是從感覺上來的，所以說盤架子是鍛鍊身心以為體，功夫出自推手而為用。推手之初步專在磨鍊感覺，身有所感，心有所感，感應精微，至用無窮。故能知己知彼，其滋味則心領神會，非筆墨所能形容。其變化之無窮，皆由感覺之靈敏，故能知其虛實而變化從心。這就是慢和不用力的意義和目的。

推手，磨鍊感覺以為應用，即在感覺之靈敏程度而分。初學推手時須先求腿之弓與坐步之開展，腰胯之轉動靈活，肩肘之鬆沉不滯，尤要留意「虛領頂勁」。所謂頂勁者，即「頂頭懸」。頭頂正直，腹內鬆靜，氣沉丹田，

精神貫頂如不倒之翁，上輕下重又如水中浮漂，漂然不沒之意。

歌曰：「神清氣沉任自然，飄飄蕩蕩浪裏鑽。任你風浪來推打，上輕下沉不倒顛。」

拳術功用之基礎，則在重心之穩固與否。而重心又有固定與活動之分，所謂固定的，是說自己在練習拳術時，每一動作姿勢均須時刻注意之，或轉動或進退都要注意它的平衡穩定。重心虛實本屬一體，虛實能變幻無常，重心則不然，雖能移動，但因係全身之主宰，所以不能輕舉妄動，動則有目的，使敵不知我虛實。就好像作戰一樣，心為旗，腰為纛（ㄉㄠˋ，意為軍隊之大旗）。

太極拳以肢體為兵將，勁為利器，姿勢為佈陣，虛實為戰略，意氣為指揮，聽勁為間諜，重心為主帥。重心活動之謂係在敵我相交之間，雖在決鬥之中，必須時時刻刻維持自己之重心穩定，而攻擊他人使之重心失去平衡。所謂地有地心引力，故凡物體均有重量，均有重心。人為物體之一，當不例外，設使重心超出平衡，人體必倒。因此，太極拳先從重心著想，所謂雙重則滯、偏沉則隨、虛領頂勁、立如平準、中正安舒、輕靈圓活等種種規則，目的都是為了維持「重心」之穩定。

拳經云：「若將物掀起而加挫之之意，斯其根自斷，乃壞之速無疑。」是指如何破壞敵人之重心，重心一失，雖有渾身解數亦無從施展了。倒與不倒的力學原理是說明重心問題的很好例證。如果一個物體處在平衡狀態下，要把它推倒，所用物理量的大小是用力矩來衡量的，因為要推倒平衡狀態下的物體，不但和推力點有關，而且和施力

的方向有關，也與力矩的大小有關。物體所處的狀態有三種：

穩定平衡：當物體在外力的作用下，重心升高，如果去掉外力物體又恢復到原有狀態，我們稱之為穩定平衡狀態。

不穩定平衡：當重心處於邊緣狀態時，它稍一偏離重心就會降低，處在一種要倒沒倒的狀態，我們稱之為不穩定平衡。這種狀態重心最高，要想物體所處狀態穩定，重心越低越好，不倒翁就是根據這個原理製成的。

隨遇平衡：在力的作用下，它的重心既不升高也不降低。例如平面上的球所處的狀態就是隨遇平衡狀態，它的特點是在球的滾動過程中（相對於平面），它的重心既不升高也不降低，八面玲瓏，隨遇平衡沒有跌倒之說。太極拳技擊推手的鍛鍊，能得到球的隨遇平衡的機理，就會處於永不失敗（以倒為敗）的妙境。比如有再大的樁步（勁）也不如埋直的混凝土電線杆子，而電線杆子有被撞倒的，誰也沒有聽說過球被人踢了一個筋斗。只要有倒的可能即能造成倒的條件，隨遇把太極拳比喻為一個球的道理就在於此。

敵人重心穩否可由知之？凡人受擊或發力擊人，如無反力來阻止其身體傾斜，則重心垂線必致越出基點，這是一固定的道理。太極拳用走勁的意思就是不給敵以絲毫反力而使之處於不穩定狀態。用粘勁的意思即不許敵由不穩而復於穩定的控制方法。明白了這個道理，則知敵重心穩定與否皆我主之，豈有不知之理呢？

須知身體一動，重心亦因之而變，方向隨之轉換，其

間至為短促，此時正是發招之良機，非運用成熟不可，功夫愈高用意愈密，而手法愈多毫不費事。如果遇到對方以蠻力抱起之時，不必慌張，因表現失去重心，實則重心已放在對方身上，俟對方用力欲向空中或地下拋擲之時，即可利用其力而擊之，反而維持自己的重心，則失去對方之重心，其奧秘非筆墨所能盡述。

推手原理，其實也不十分複雜，盤架子主要是從練招勢中鍛鍊自身的平衡，就是不論怎樣運動，要始終保持住身體的重心。推手則是在對方的推運逼迫下，仍要不失掉自己的重心，相反還要設法引動對方失掉重心，這就比盤架子難了一步。因為盤架子是求懂自己身上的勁，推手是求懂他人之勁。這也是知己知彼功夫的訓練手段。其練習的方式方法，是由甲乙二人做單手平圓和單手立圓推手法，這是練習粘黏勁唯一手段。同時再打打輪，即推四手。

所謂以逸待勞也可以說是以靜制動。太極拳的柔化方法雖然有攻守咸宜和保障安全的優點，如果用得不得其時或者不得其點，未能掌握對方的動向，所得效果是不會滿意的。因此，在應用時還須依靠「以靜待動」的素養。因為太極拳的擊人，並不主張採用「先下手為強」的主觀手法，而是觀察對方的方向和使用方法，或者透過身手上的感覺得知對方真正的動向以後，用「後發先至」的還擊方法，這種擊法是採取「照鏡子」方法，首先要求本人自己極度鎮靜，聽任對方爭先出手和出勁，不可著慌，必須等他發出勁來，方可還手，還手就是。又如「老雞等米」還擊法。如來勢較猛可以先用化勁引使落空，隨之，發勁擊

之。總之，要在對方不及轉變或者陷入劣勢的時候，給以迅速的打擊。這就是太極推手在戰略上所採取「以逸待勞」「動得機先」為原則的道理。運用這個原則的優點和作用主要表現在：

一是待機而動，容易擊中對方；

二是萬一擊不中時，由於對方已處於被動地位，不易還招。

所謂以小制大，是在戰術上用最經濟的力量和時間取得勝利，這是根據力學原理，利用一種動作（即招式）作用在對方的動作上。

動作時，加上我的勁或減少我的勁，此勁變化要靈敏，做到忽隱忽現，便會產生一種激勁或空勁，逼使對方落空或重心動搖，若能做到「隨曲就伸」，便會逼使對方陷入不利地位至重心極度不穩的時候，只要輕輕一擊就倒，所以說要用小力抵抗大力的話，那麼，必須注意絕對不用硬碰硬的勁，應採取借力之法，即順其來勢用「走化」，隨之，用「黏發」，常說的「四兩撥千斤」「以柔克剛」「借勁施勁」等語，即是指此而言的。

所謂以退為進，因為「太極本無法，動即是法」，這是說：「一動則變，變則化，化化無窮。」拳譜上說：「動急則急應，動緩則緩隨，雖變化萬千，其理為一貫。」這意思是說：太極拳的勁從表面上看好像是千變萬化，但實際上只有一個「動」字。而這一「動」當中就產生了「恍」的形影，這形和影的狀態，在太極拳推手中的術語叫做「走」和「黏」。拳譜上說：「人剛我柔謂之走，我順人背謂之黏。」「走」是柔化對方以保障自己安

全的方法，「黏」是柔化以後乘機貼進以控制對方變動的方法。這兩個方法，在應用時實在是一個方法的兩面，即「走即是黏，黏即是走」的道理，對於這一點要細心地體驗，方能盡其妙用。同時，動作還要養成走弧線的習慣，須知「由走轉黏和由黏轉走」都是以圓形動作為基礎，功夫越深，應用時弧線也就走得越短、越小，甚至只有弧線的意味不見弧線的動作。

這種「曲中求直」的方法，粗看起來好似迂緩，但實際上則是「後發先至」的主要關鍵所在。走與黏所以要循環運用，簡單說來，只是教人在交手時，先要順著來勁的方向，用「走」法引使落空，以避免衝突，然後再順著柔化後的餘勢，隨即用黏法遏制對方的轉變，以造成「我順人背」的優勢。此時，如果對方還想掙扎，便會越黏越緊，使對方身體失去平衡，若再趁勢發勁，對方在劣勢下無法還手，很難逃避打擊。如果我的黏法遏制不住對方，便不可冒昧發勁，應當放任對方轉變，並繼續用走用黏，去造成優勢，方可發動打擊。當然，功夫較高或技藝熟練者若用此法，只要用一次走黏便能把對方擊中。

但在練功時，應在循環運動上用力去求熟，以養成「以退為進」的習慣，方能在應用時得到有勝無敗和雖敗無傷的保障。這與硬打硬進缺乏安全保障的方法來比，就不難看出以退為進的方法確實是技擊上一個極大的優點，也是至高至上的技擊手法。

所謂剛柔相濟：太極拳所以重柔輕剛，不僅僅是為了柔能克剛的道理，主要是怕人在技擊上犯「雙重」的毛病。簡單地說，就是只知用剛不知用柔的毛病。須知人動

起手來，大多數是剛勁，結果還是力大者勝，或者兩敗俱傷。太極拳處處講柔化，首先在避免這種不必要的或者不利於自己的衝突。但在動手時，如果只知退避而不會進擊，就與剛柔相濟和以柔克剛的道理不相符合了。太極拳是根據陰陽、動靜、虛實等變化規律而相互轉化，主要在說明它的用勁是剛中有柔、柔中有剛，相當於太極的陰不離陽、陽不離陰的意義。太極拳的運動必須走弧線，就是為增進動作中的由柔轉剛和由剛轉柔的便利而制定的。在運動時，剛柔循環，無端可尋，它與一般直線擊法的出入分明，絕不相同。

太極拳處處用柔勁，首先是避免了衝突中的無謂犧牲，避免了一出手就遭到失敗的危險，同時可以從柔化中去瞭解對方的虛實強弱，然後根據已經獲得的優勢而立即還擊。至於走弧線，粗粗看來，似乎比走直線為慢，但弧線動作可以隨處轉變，有時更比走直線為快。所謂「後發先至」就是從這當中得來的。這種「剛柔相濟，攻守咸宜」的技擊方法，是太極拳的特點。

歡迎至本公司購買書籍

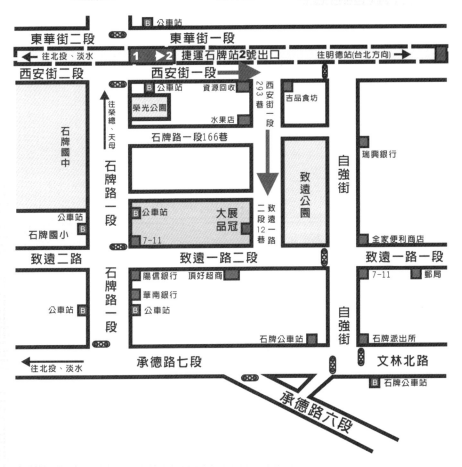

建議路線

1. 搭乘捷運、公車
　　淡水線石牌站下車，由石牌捷運站 2 號出口出站(出站後靠右邊)，沿著捷運高架往台北方向走(往明德站方向)，其街名為西安街，約走100公尺(勿超過紅綠燈)，由西安街一段293巷進來(巷口有一公車站牌，站名為自強街口)，本公司位於致遠公園對面。搭公車者請於石牌站(石牌派出所)下車，走進自強街，遇致遠路口左轉，右手邊第一條巷子即為本社位置。

2. 自行開車或騎車
　　由承德路接石牌路，看到陽信銀行右轉，此條即為致遠一路二段，在遇到自強街(紅綠燈)前的巷子(致遠公園)左轉，即可看到本公司招牌。

國家圖書館出版品預行編目資料

太極拳推手奧秘 ／ 張耀忠　張林　編著
——初版，——臺北市，大展，2014〔民103.08〕
面；21公分 ——（推手武學；1）
ISBN　978－986－346－031－2（平裝）

1.太極拳

528.972　　　　　　　　　　　　　　1030011158

太極拳推手奧秘

編　　著／張耀忠　張林
責任編輯／孔令良
發 行 人／蔡森明
出 版 者／大展出版社有限公司
社　　址／台北市北投區（石牌）致遠一路2段12巷1號
電　　話／（02）28236031・28236033・28233123
傳　　眞／（02）28272069
郵政劃撥／01669551
網　　址／www.dah-jaan.com.tw
E－mail／service@dah-jaan.com.tw
登 記 證／局版臺業字第2171號
承 印 者／傳興印刷有限公司
裝　　訂／承安裝訂有限公司
排 版 者／弘益電腦排版有限公司
授 權 者／北京人民體育出版社
初版1刷／2014年（民103年）8月

定　價／220元

大展好書　好書大展
品嘗好書　冠群可期

大展好書　好書大展
品嘗好書　冠群可期